Hans Christian Andersens

Märchenreich

Bibliografische Information der Deutschen Bibliothek. Die Deutsche Bibliothek verzeichnet diese Publikation in der Deutschen Nationalbibliografie; detaillierte bibliografische Daten sind im Internet über http://dnb.ddb.de abrufbar.

© Vitalis GmbH, 2006 • Die Illustrationen und das Umschlagbild fertigte die Illustratorin Lucie Müllerová eigens für diese Ausgabe • Hergestellt in der EU ISBN 3-89919-004-1 • Alle Rechte vorbehalten • www.vitalis-verlag.com

Hans Christian Andersens

MÄRCHENREICH

Illustrationen von Lucie Müllerová

*Mit einer Auswahl der bekanntesten Märchen
nach der einzigen vom Verfasser besorgten
deutschen Originalausgabe*

Vitalis

INHALT

Die Schneekönigin
Ein Märchen in sieben Geschichten

Erste Geschichte, welche von dem Spiegel und den Scherben handelt

Schaut, nun fangen wir an. Wenn wir am Ende der Geschichte sind, wissen wir mehr als jetzt, denn es war ein böser Kobold! Es war einer der allerärgsten, es war der Teufel! Eines Tages war er recht bei Laune, denn er hatte einen Spiegel gemacht, welcher die Eigenschaft besaß, dass alles Gute und Schöne, was sich darin spiegelte, fast zu Nichts zusammenschwand, aber das, was nichts taugte und sich schlecht ausnahm, hervortrat und noch ärger wurde. Die herrlichsten Landschaften sahen wie gekochter Spinat darin aus, und die besten Menschen wurden widerlich und standen ohne Rumpf auf dem Kopf; die Gesichter wurden so verdreht, dass sie nicht zu erkennen waren, und hatte man eine Sommersprosse, so konnte man sicher sein, dass sie über Mund und Nase lief. Das sei äußerst belustigend, sagte der Teufel. Fuhr nun ein guter frommer Gedanke durch einen Menschen, dann kam ein Grinsen über den Spiegel, so dass der Teufel über seine kunstvolle Erfindung lachen musste. Alle, die in die Koboldschule gingen, denn er hielt Koboldschule, erzählten ringsumher, dass ein Wunder geschehen sei; nun erst könne man sehen, meinten sie, wie die Welt und die Menschen wirklich aussähen. Sie liefen mit dem Spiegel umher und zuletzt gab es kein Land oder keinen Menschen mehr, welcher nicht verdreht darin erschienen wäre. Nun wollten sie auch zum Himmel selbst hinauffliegen, um sich über die Engel und den

lieben Gott lustig zu machen. Je höher sie mit dem Spiegel flogen, umso mehr grinste er; sie konnten ihn kaum festhalten. Sie flogen höher und höher, Gott und den Engeln näher; da erzitterte der Spiegel so fürchterlich in seinem Grinsen, dass er ihnen aus den Händen sprang und zur Erde herabstürzte, wo er in hundert Millionen, Billionen und noch mehr Stücke zersprang. Und nun gerade verursachte er weit größeres Unglück als zuvor; denn einige Stücke waren kaum so groß wie ein Sandkorn, und diese flogen ringsumher in der weiten Welt, und wenn sie den Menschen ins Auge gerieten, dann blieben sie dort und dann sahen die Menschen alles verkehrt oder hatten nur Augen für das Verkehrte bei einer Sache; denn jede kleine Spiegelscherbe hatte dieselben Kräfte behalten, welche der ganze Spiegel besessen hatte. Einige Menschen bekamen sogar eine kleine Spiegelscherbe ins Herz, und dann war es ganz besonders schlimm; das Herz wurde wie ein Klumpen Eis. Einige Spiegelscherben waren so groß, dass sie zu Fensterscheiben gebraucht wurden; aber es war nicht gut, durch diese Scheiben seine Freunde zu betrachten. Andere Stücke kamen in Brillen, und wenn die Leute diese Brillen aufsetzten, dann war es schwer, recht zu sehen und gerecht zu sein; der Böse lachte, dass ihm der Bauch wakkelte, und das kitzelte ihn so angenehm. Aber draußen flogen noch kleine Glasscherben in der Luft umher. Nun, wir werden es hören!

Zweite Geschichte
Ein kleiner Knabe und ein kleines Mädchen

In der großen Stadt, wo so viele Menschen und Häuser sind und nicht Platz genug ist, dass alle Leute einen kleinen Garten besitzen können, und wo sich daher die meisten mit Blumen in Blumentöpfen begnügen müssen, lebten zwei arme Kinder, die einen Garten besaßen, der etwas größer war als nur ein Blumentopf. Sie waren nicht Bruder und Schwester, aber sie waren sich ebenso gut, als wenn sie es gewesen wären. Die Eltern wohnten einander gerade gegenüber in zwei Dachkammern; und wo das Dach des einen Nachbarhauses gegen das andere stieß und die Wasserrinne zwischen den Dächern entlanglief, dort war in jedem Haus ein kleines Fenster; man brauchte nur über die Rinne zu steigen, so konnte man von dem einen Fenster zum dem anderen gelangen.

Die Eltern hatten draußen jeweils einen großen Holzkasten und darin wuchsen die Küchenkräuter, die sie brauchten, und ein kleiner Rosenstock. In jedem Kasten stand einer; die wuchsen gar herrlich! Nun fiel es den Eltern ein, die Kästen quer über die Rinne zu stellen, so dass sie fast von dem einen Fenster zum andern reichten und fast wie zwei Blumenwälle aussahen. Erbsenranken hingen über die Kästen, und die Rosenstöcke trieben lange Zweige, die sich um die Fenster rankten und einander entgegenbogen; es war fast wie eine Ehrenpforte von Grün und Blüten. Da die Kästen sehr hoch waren und die Kinder wussten, dass sie nicht hinaufklettern durften, erhielten sie oft die Erlaubnis, zueinander hinauszusteigen und auf ihren kleinen Schemeln unter den Rosen zu sitzen, und da spielten sie dann prächtig.

Im Winter hatte dieses Vergnügen ein Ende. Die Fenster waren oft ganz zugefroren; aber dann wärmten sie Kupferschillinge auf dem Ofen und legten den warmen Schilling gegen die gefrorene Scheibe; so entstand ein schönes Guckloch, so rund, so rund; dahinter blitzte ein liebliches, sanftes Auge, eines aus jedem Fenster; das war der kleine Knabe und das kleine Mädchen. Er hieß Kay und sie hieß Gerda. Im Sommer konnten sie mit einem Sprung zueinander gelangen; im Winter mussten sie erst die vielen Treppen herunter und die Treppen hinauf; draußen stob der Schnee.

„Das sind die weißen Bienen, die schwärmen", sagte die Großmutter.

„Haben sie auch eine Königin?", fragte der kleine Knabe, denn er wusste, dass es unter den wirklichen Bienen eine solche gibt.

„Die haben sie!", sagte die Großmutter. „Sie fliegt dort, wo sie am dichtesten schwärmen! Es ist die größte von allen, und nie bleibt sie still auf der Erde, sondern fliegt wieder hinauf in die schwarze Wolke. Manche Mitternacht fliegt sie durch die Straßen der Stadt und blickt zu den Fenstern hinein, und dann frieren die so wunderbar zu und sehen wie Blumen aus."

„Ja, das haben wir gesehen!", sagten beide Kinder und wussten nun, dass es wahr sei. „Kann die Schneekönigin hier hereinkommen?", fragte das kleine Mädchen. „Lass sie nur kommen!", sagte der Knabe, „dann setze ich sie auf den warmen Ofen und sie schmilzt." Aber die Großmutter glättete sein Haar und erzählte andere Geschichten.

Am Abend, als der kleine Kay zu Hause und halb entkleidet war, kletterte er auf den Stuhl am Fenster und guckte aus dem kleinen Loch. Ein paar Schneeflocken fielen draußen und eine von ihnen, die allergrößte, blieb auf dem Rand des einen Blumenkastens liegen; die Schneeflocke wuchs mehr und mehr und wurde zuletzt eine ganze Frauengestalt, in den feinsten weißen Flor gekleidet, der wie aus Millionen sternartiger Flocken zusammengesetzt war. Sie war so schön und fein, aber aus Eis, aus blendendem, blinkendem Eis. Und doch war sie lebendig; die Augen blitzten wie zwei klare Sterne; aber es war weder Rast noch Ruh in ihnen. Sie nickte zum Fenster und winkte mit der Hand. Der kleine Knabe erschrak und sprang vom Stuhl herunter; da war es, als ob draußen vor dem Fenster ein großer Vogel vorbeiflöge.

Am nächsten Tag gab es klaren Frost, dann gab es Tauwetter – und dann kam der Frühling; die Sonne schien, das Grün keimte hervor, die Schwalben bauten Nester, die Fenster wurden geöffnet und die kleinen Kinder saßen wieder in ihrem kleinen Garten hoch oben in der Dachrinne über allen Stockwerken.

Die Rosen blühten diesen Sommer unvergleichlich; das kleine Mädchen hatte ein Lied gelernt, in welchem auch von Rosen die Rede war; und bei den Rosen dachte sie an ihre eigenen; und sie sang es dem kleinen Knaben vor und er sang mit:

„Die Rosen, sie verblüh'n und verwehen,
Wir werden das Christkindlein sehen!"

Und die Kleinen hielten einander bei den Händen, küssten die Rosen, blickten in Gottes hellen Sonnenschein hinein und sprachen zu ihm, als ob das Jesuskind da sei. Was waren das für herrliche Sommertage; wie schön war es draußen bei den frischen Rosenstöcken, die blühten, als ob sie niemals damit aufhören wollten!

Kay und Gerda saßen und blickten in das Bilderbuch mit Tieren und Vögeln, da geschah es – die Uhr schlug gerade fünf auf dem großen Kirchturm –, dass Kay sagte: „Au! Etwas hat mich ins Herz gestochen und etwas flog mir ins Auge!"

Das kleine Mädchen fasste ihm um den Hals; er blinzelte mit den Augen; nein, es war nichts zu sehen.

„Ich glaube, es ist weg!", sagte er; aber weg war es nicht. Es war gerade einer jener Glassplitter, welche vom Spiegel gesprungen waren, dem Zauberspiegel, wir erinnern uns wohl an ihn, an das hässliche Glas, welches alles Große und Gute, das sich darin abspiegelte, klein und hässlich machte; aber das Böse und Schlechte darin ordentlich hervortreten ließ und womit jeder Fehler an einer Sache gleich zu bemerken war. Der arme Kay hatte auch ein Splitterchen gerade ins Herz hinein bekommen. Es würde nun bald wie ein Eisklumpen werden; es tat nun nicht mehr weh, aber das Splitterchen war da.

„Weshalb weinst du?", fragte er. „So siehst du hässlich aus! Mir fehlt ja nichts!" – „Pfui", rief er auf einmal, „die Rose dort hat einen Wurmstich! Und sieh, diese da ist ja ganz schief! Im Grunde sind es hässliche Rosen! Sie gleichen dem Kasten, in dem sie stehen!" Und dann stieß er mit dem Fuß gegen den Kasten und riss die beiden Rosen ab.

„Kay, was machst du?", rief das kleine Mädchen. Und als er ihren Schreck bemerkte, riss er noch eine Rose ab und sprang dann zu seinem Fenster hinein und von der kleinen lieblichen Gerda fort.

Als sie später mit dem Bilderbuch kam, sagte er, dass das für Wickelkinder sei; und erzählte die Großmutter Geschichten, so kam er immer mit einem Aber – und wenn es ihm gerade gefiel, dann ging er hinter ihr her, setzte eine Brille auf und sprach ebenso wie sie; das machte er ganz treffend und die Leute lachten über ihn. Bald konnte er Sprache und Gang von allen Menschen in der ganzen Straße nachahmen. Alles, was an ihnen eigentümlich und unschön war, das wusste Kay nachzumachen, und die Leute sagten: „Das ist sicher ein ausgezeichneter Kopf, den der Knabe hat!" Aber es war das Glas, das er ins Auge bekommen hatte, das Glas, das ihm im Herzen saß; daher kam es auch, dass er selbst die kleine Gerda neckte, die ihm doch von ganzem Herzen gut war.

Seine Spiele wurden nun ganz anders als früher; sie waren so verständig. An einem Wintertag, als es schneite, kam er mit einem großen Brennglas, hielt seinen blauen Rockzipfel hin und ließ die Schneeflocken darauf fallen. „Sieh in das Glas, Gerda!", sagte er; und jede Schneeflocke wurde viel größer und sah aus wie eine prächtige Blume oder ein zehneckiger Stern; es war schön anzusehen. „Siehst du, wie kunstvoll!", sagte Kay. „Das ist viel interessanter als die wirklichen Blumen! Und es ist kein einziger Fehler daran, sie sind ganz akkurat; wenn sie nur nicht schmelzen würden!"

Bald darauf kam Kay mit großen Handschuhen und seinem Schlitten auf dem Rücken; er rief Gerda zu: „Ich habe Erlaubnis erhalten, auf den großen Platz zu fahren, wo die anderen Jungen spielen!", und weg war er.

Dort auf dem Platz banden die frechsten Knaben ihre Schlitten oft an die Wagen der Bauern fest und fuhren gutes Stück Wegs mit. Das war sehr lustig. Als sie gerade im besten Spielen waren, kam ein großer Schlitten; der war ganz weiß gestrichen, und darin saß eine Gestalt, in einen weißen zottigen Pelz gehüllt und mit einer weißen zottigen Mütze auf dem Kopf; der Schlitten fuhr zweimal um den Platz herum und Kay band schnell seinen kleinen Schlitten daran fest und fuhr mit. Es ging rascher und rascher, gerade in die nächste Straße hinein; die Gestalt, welche den Wagen fuhr, drehte sich um und nickte Kay freundlich zu; es war, als ob sie einander kannten. Jedes Mal, wenn Kay

seinen kleinen Schlitten ablösen wollte, nickte die Gestalt wieder und dann blieb Kay sitzen; sie fuhren zum Stadttor hinaus. Da begann der Schnee so dicht herabzufallen, dass der kleine Knabe die Hand nicht vor den Augen sehen konnte; aber er fuhr weiter. Nun ließ er schnell die Schnur fahren, um von dem großen Schlitten loszukommen, aber es half nichts, sein kleines Fuhrwerk hing fest und mit Windeseile ging es vorwärts. Da rief er laut, aber niemand hörte ihn, und der Schnee stob und der Schlitten flog dahin; mitunter gab es einen Sprung; es war, als führe er über Gräben und Hecken. Der Knabe war ganz erschrocken; er wollte sein Vaterunser beten, aber er konnte sich nur des großen Einmaleins entsinnen.

Die Schneeflocken wurden größer und größer; zuletzt sahen sie aus wie große, weiße Hühner. Auf einmal sprangen sie zur Seite; der große Schlitten hielt und die Gestalt, die ihn fuhr, erhob sich; der Pelz und die Mütze waren lauter Schnee; es war eine Dame, hoch und schlank, glänzend weiß; es war die Schneekönigin.

„Wir sind gut gefahren!", sagte sie. „Aber wer wird denn frieren! Krieche unter meinen

Bärenpelz!" Und sie setzte ihn neben sich in den Schlitten und schlug den Pelz um ihn; es war, als versinke er in einem Schneetreiben.

„Friert dich noch?", fragte sie und dann küsste sie ihn auf die Stirn. Oh! das war kälter als Eis; das ging ihm gerade hinein bis ins Herz, welches ja schon halb ein Eisklumpen war. Es war, als sollte er sterben; aber nur einen Augenblick, dann tat es ihm recht wohl; er spürte nichts mehr von der Kälte ringsumher.

„Meinen Schlitten! Vergiss nicht meinen Schlitten!" Daran dachte er zuerst und der wurde an eines der weißen Hühnchen festgebunden und dieses flog mit dem Schlitten auf dem Rücken hinterher. Die Schneekönigin küsste Kay noch einmal und da hatte er die kleine Gerda, die Großmutter und alle daheim vergessen.

„Nun bekommst du keine Küsse mehr!", sagte sie, „denn sonst küsste ich dich tot!"

Kay sah sie an; sie war so schön; ein klügeres, reineres Antlitz konnte er sich nicht denken. Nun erschien sie ihm nicht aus Eis zu sein wie damals, als sie draußen vor dem Fenster saß und ihm winkte; in seinen Augen war sie vollkommen; er fühlte gar keine Furcht. Er erzählte ihr, dass er kopfrechnen könne, sogar mit Brüchen; er wisse des Landes Quadratmeilen und Einwohnerzahl, und sie lächelte immer. Da kam es ihm vor, als sei es noch nicht genug, was er wisse; und er blickte hinauf in den großen, großen Himmelsraum; und sie flog mit ihm, flog hoch hinauf auf die schwarze Wolke und der Sturm sauste und brauste; es war, als sänge er alte Lieder. Sie flogen über Wälder und Seen, über Meere und Länder; unter ihnen sauste der kalte Wind, die Wölfe heulten, der Schnee funkelte; über demselben flogen die schwarzen, schreienden Krähen dahin; aber hoch oben schien der Mond groß und klar, und auf ihn blickte Kay die ganze lange, lange Winternacht. Am Tage schlief er zu Füßen der Schneekönigin.

Dritte Geschichte
Der Blumengarten bei der Frau, die zaubern konnte

Aber wie erging es der kleinen Gerda, als Kay nicht zurückkehrte? Wo war er nur geblieben? Niemand wusste es, niemand konnte Bescheid geben. Die Knaben erzählten nur, dass sie gesehen hätten, wie er seinen kleinen Schlitten an einen großen und prächtigen gebunden habe, der in die Straße hinein- und zu dem Stadttor hinausgefahren sei. Niemand wusste, wo er war, und viele Tränen flossen. Die kleine Gerda weinte so viel und so lange – dann sagte sie, er sei tot, er sei in dem Fluss ertrunken, der nahe bei der Schule vorbeifloss; oh, das waren lange, finstere Wintertage!

Nun kam der Frühling und mit ihm der wärmere Sonnenschein.

„Kay ist tot und fort!", sagte die kleine Gerda.

„Das glaube ich nicht!", antwortete der Sonnenschein.

„Er ist tot und fort!", sagte sie zu den Schwalben.

„Das glauben wir nicht!", erwiderten diese, und am Ende glaubte die kleine Gerda es auch nicht.

„Ich will meine neuen roten Schuhe anziehen", sagte sie eines Morgens, „die, welche Kay nie gesehen hat, und dann will ich zum Fluss hinuntergehen und den nach ihm fragen!"

Und es war noch ganz früh; sie küsste die alte Großmutter, die noch schlief, zog die roten Schuhe an und ging ganz alleine aus dem Stadttor zu dem Fluss. „Ist es wahr, dass du mir meinen kleinen Spielkameraden genommen hast? Ich will dir meine roten Schuhe schenken, wenn du ihn mir wiedergibst!"

Und es war ihr, als nickten die Wellen so sonderbar. Da nahm sie ihre roten Schuhe, das Liebste, was sie hatte und warf sie alle beide in den Fluss hinein; aber sie fielen dicht an das Ufer, und die kleinen Wellen trugen sie ihr wieder an das Land. Es war gerade, als ob der Fluss das Liebste, was sie besaß, nicht haben wollte, weil er ja den kleinen Kay nicht hatte! Aber sie glaubte nun, dass sie die Schuhe nicht weit genug hinausgeworfen hätte; und so kroch sie in ein Boot, welches im Schilf lag. Sie ging ganz an das äußerste Ende desselben und warf die Schuhe von dort in das Wasser; aber das Boot war nicht festgebunden und bei der Bewegung, die sie machte, glitt es vom Land ab. Sie bemerkte es und beeilte sich herauszukommen; doch noch ehe sie das Ufer erreichen konnte, war das Boot schon über eine Elle entfernt davon, und nun trieb es immer schneller ab. Da erschrak die kleine Gerda sehr und fing an zu weinen; doch niemand außer den Sperlingen hörte sie, und die konnten sie nicht an Land tragen. Aber sie flogen am Ufer entlang und sangen, gleichsam um sie zu trösten: „Hier sind wir, hier sind wir!" Das Boot trieb mit dem

Strom; die kleine Gerda saß ganz still, nur mit Strümpfen an den Füßen; ihre kleinen roten Schuhe trieben hinter ihr her; aber sie konnten das Boot nicht erreichen, das hatte stärkere Fahrt. Hübsch war es an beiden Ufern; schöne Blumen, alte Bäume und Hänge mit Schafen und Kühen; aber nicht ein Mensch war zu sehen. „Vielleicht trägt mich der Fluss zum kleinen Kay", dachte Gerda, und da wurde sie heiterer, erhob sich und betrachtete viele Stunden die grünen, schönen Ufer. Dann gelangte sie zu einem großen Kirschgarten, in welchem ein kleines Haus mit wunderlichen roten und blauen Fenstern stand; zudem hatte es ein Strohdach und im Garten standen zwei hölzerne Soldaten, die vor der Vorbeisegelnden das Gewehr schulterten.

Gerda rief nach ihnen; sie glaubte, dass sie lebendig seien; aber sie antworteten natürlich nicht. Sie kam ihnen ganz nahe, denn der Fluss trieb das Boot gerade auf das Ufer zu.

Gerda rief noch lauter, und da kam eine alte, alte Frau aus dem Hause, die sich auf einen Krückstock stützte; sie hatte einen großen Sonnenhut auf und der war mit den schönsten Blumen bemalt.

„Du armes, kleines Kind!", sagte die alte Frau, „wie bist du doch auf den großen, reißenden Strom gekommen und so weit in die Welt hinausgetrieben!" Und dann ging die alte Frau in das Wasser hinein, erfasste mit ihrem Krückstock das Boot, zog es an das Land und hob die kleine Gerda heraus.

Und Gerda war froh, wieder aufs Trockene zu gelangen, obgleich sie sich vor der fremden alten Frau ein wenig fürchtete.

„Komm doch und erzähle mir, wer du bist und wie du hierher kommst!", sagte sie.

Und Gerda erzählte ihr alles; und die Alte schüttelte den Kopf und sagte: „Hm! Hm!", und als ihr Gerda alles gesagt und gefragt hatte, ob sie nicht den kleinen Kay gesehen habe, sagte die Frau, dass er nicht vorbeigekommen sei, aber er werde wohl noch kommen. Sie solle nur nicht betrübt sein, sondern ihre Kirschen kosten und ihre Blumen betrachten; die seien schöner als irgendein Bilderbuch; eine jede könne eine Geschichte erzählen. Dann nahm sie Gerda bei der Hand, sie gingen in das kleine Haus hinein und die alte Frau schloss die Tür zu.

Die Fenster lagen sehr hoch, und die Scheiben waren rot, blau und gelb; das Tageslicht schimmerte wunderlich in allen Farben darin, aber auf dem Tisch standen die schönsten Kirschen und Gerda aß davon, soviel sie wollte, denn das durfte sie. Während sie aß, kämmte die alte Frau ihr das Haar mit einem goldenen Kamm, und das Haar ringelte sich und glänzte herrlich golden rings um das kleine freundliche Gesicht, das so rund war und wie eine Rose aussah.

„Nach einem so lieben, kleinen Mädchen habe ich mich schon lange gesehnt", sagte die Alte. „Du sollst sehen, wie gut wir miteinander auskommen werden!" Und so wie sie der kleinen Gerda Haar kämmte, vergaß Gerda mehr und mehr ihren Spielgefährten Kay, denn die alte Frau konnte zaubern, aber eine böse Zauberin war sie nicht. Sie zauberte nur ein wenig zu ihrem Vergnügen und wollte gern die kleine Gerda behalten. Deshalb ging sie in den Garten, streckte ihren Krückstock gegen alle Rosensträucher aus, und so schön sie auch blühten, so sanken sie doch alle in die schwarze Erde hinunter und man konnte nicht sehen, wo sie gestanden hatten. Die Alte fürchtete, wenn Gerda die Rosen erblickte, würde sie an ihre eigenen denken, sich dann des kleinen Kay erinnern und davonlaufen.

Nun führte sie Gerda hinaus in den Blumengarten. Was war da für ein Duft und eine Herrlichkeit! Alle nur denkbaren Blumen, und zwar für jede Jahreszeit, standen hier im prächtigsten Flor; kein Bilderbuch konnte bunter und schöner sein. Gerda hüpfte vor Freude auf und spielte, bis die

Sonne hinter den hohen Kirschbäumen unterging, dann bekam sie ein schönes Bett mit roten Seidenkissen, die waren mit bunten Veilchen gestopft; und sie schlief und träumte so herrlich wie sonst nur eine Königin an ihrem Hochzeitstag.

Am nächsten Tag konnte sie wieder im warmen Sonnenschein mit den Blumen spielen und so vergingen viele Tage. Gerda kannte jede Blume; aber wie viel derer auch waren, stets war es ihr, als ob eine fehle, allein welche, das wusste sie nicht. Da sitzt sie eines Tages und betrachtet den Sonnenhut der alten Frau mit den gemalten Blumen, und gerade die schönste darunter war eine Rose. Die Alte hatte vergessen, diese vom Hut wegzunehmen, als sie die andern in die Erde versenkte. Aber so ist es, wenn man die Gedanken nicht immer beisammen hat! „Was denn, sind hier keine Rosen?", sagte Gerda und sprang zwischen die Beete und suchte und suchte; ach, da war keine zu finden. Da setzte sie sich hin und weinte, aber ihre Tränen fielen gerade auf eine Stelle, an der ein Rosenstrauch verschwunden war, und als die warmen Tränen die Erde bewässerten, schoss der Strauch auf einmal empor, so blühend, wie er versunken war, und Gerda umarmte ihn, küsste die Rosen und gedachte der herrlichen Rosen daheim und mit ihnen auch des kleinen Kay.

„Oh, wie bin ich aufgehalten worden!", sagte das kleine Mädchen. „Ich wollte ja den kleinen Kay suchen! Wisst ihr nicht, wo er ist?", fragte sie die Rosen. „Glaubt ihr, dass er tot ist?"

„Tot ist er nicht", antworteten die Rosen. „Wir sind ja in der Erde gewesen; dort sind alle Toten, aber Kay war nicht dort."

„Ich danke euch", sagte die kleine Gerda und ging zu den anderen Blumen hin, sah in deren Kelche hinein und fragte: „Wisst ihr nicht, wo der kleine Kay ist?"

Aber jede Blume stand in der Sonne und träumte ihr eigenes Märchen, ihr eigenes Geschichtchen; davon hörte Gerda so viele, viele; aber keine wusste etwas von Kay.

Und was sagte die Feuerlilie? „Hörst du die Trommel: bum! bum! Es sind nur zwei Töne; immer: bum! bum! Höre der Frauen Trauergesang, höre der Priester Ruf. In ihrem langen roten Mantel steht das Hinduweib auf dem Scheiterhaufen; die Flammen lodern um sie und ihren toten Mann empor; aber das Hinduweib denkt an den Lebenden hier im Kreise, an ihn, dessen Auge heißer als die Flammen brennen, an ihn, dessen Augenfeuer ihr tiefer ins Herz dringt als die Flammen, welche bald ihren Körper zu Asche verzehren. Kann die Flamme des Herzens in der Flamme des Scheiterhaufens erkalten?" „Das verstehe ich nicht", sagte die kleine Gerda. „Das ist mein Märchen!", sagte die Feuerlilie.

Was sagte die Winde? „Hoch über den schmalen Felsweg ragt eine alte Ritterburg; das dichte Immergrün wächst an den alten roten Mauern empor, Blatt an Blatt, um den Altan herum, und da steht ein schönes Mädchen; es beugt sich über die Balustrade und sieht auf den Weg hinunter. Keine Rose hängt frischer an den Zweigen als sie, keine Apfelblüte, die der Wind vom Baume trägt, schwebt leichter dahin als dieses; wie rauscht das prächtige Seidengewand: ‚Kommt er noch nicht?'" „Ist es Kay, den du meinst?", fragte die kleine Gerda. „Ich spreche nur von meinem Märchen, meinem Traum", erwiderte die Winde.

Was sagte die kleine Schneeblume? „Zwischen den Bäumen hängt an Seilen das lange Brett; es ist eine Schaukel. Zwei niedliche kleine Mädchen – die Kleider sind weiß wie der Schnee, lange grüne Seidenbänder flattern von den Hüten – sitzen darauf und schaukeln; der Bruder, der größer ist als sie, steht auf der Schaukel. Er hat den Arm um das Seil geschlungen, um sich zu halten, denn in der einen Hand hat er eine kleine Schale, in der andern eine Tonpfeife; er bläst Seifenblasen. Die Schaukel geht, und die Blasen steigen mit schönen, wechselnden Farben empor; die letzte hängt noch am Pfeifenstiel und biegt sich im Winde. Die Schaukel geht; der kleine schwarze Hund, leicht wie die Blasen, stellt sich auf die Hinterfüße und will mit auf die Schaukel; sie fliegt; der Hund fällt, bellt und ist böse; er wird geneckt, die Blasen platzen. Ein schaukelndes Brett, ein zerspringendes Schaumbild ist mein Gesang!" „Es ist möglich, dass es hübsch ist, was du da erzählst; aber du sagst es so traurig und erwähnst den kleinen Kay gar nicht."

Was sagten die Hyazinthen? „Es waren drei schöne Schwestern, gar durchsichtig und fein; der einen Kleid war rot, das der anderen blau, jenes der dritten ganz weiß; Hand in Hand tanzten sie am stillen See im hellen Mondenschein. Es waren keine Elfen, es waren Menschenkinder. Dort duftete es so süß, und die Mädchen verschwanden im Wald. Der Duft wurde stärker – drei Särge, darin lagen die schönen Mädchen, glitten aus dem Dickicht des Waldes über den See dahin; die Johanniswürmchen flogen leuchtend ringsumher wie kleine schwebende Lichter. Schlafen die tanzenden Mädchen, oder sind sie tot? – Der Blumenduft sagt, dass sie Leichen seien; die Abendglocke läutet den Grabgesang!" „Du machst mich ganz betrübt", sagte die kleine Gerda. „Du duftest so stark; ich muss an die toten Mädchen denken! Ach, ist denn der kleine Kay wirklich tot? Die Rosen sind unten in der Erde gewesen und die sagen nein!" „Kling, klang!", läuten die Hyazinthen-Glocken. „Wir läuten nicht für den kleinen Kay, wir kennen ihn nicht; wir singen nur unser Lied, das einzige, das wir kennen."

Und Gerda ging zu der Butterblume, die aus den glänzenden, grünen Blättern hervorschien. „Du bist eine kleine helle Sonne!", sagte Gerda. „Sagst du mir denn, ob du

weißt, wo ich meinen Spielkameraden finden kann?" Und die Butterblume glänzte so schön und sah auf Gerda. Welches Lied konnte wohl die Butterblume singen? Es handelte auch nicht von Kay: „In einem kleinen Hof schien die liebe Gottessonne warm am ersten Frühlingstage; die Strahlen glitten an des Nachbarhauses weißen Wänden hinab. Dicht dabei wuchs die erste gelbe Blume und glänzte golden in den warmen Sonnenstrahlen. Die alte Großmutter saß draußen in ihrem Stuhl. Die Enkelin, eine arme, schöne Magd, kehrte von einem kurzen Besuch heim. Sie küsste die Großmutter; es war Gold, Herzensgold in dem gesegneten Kuss. Gold im Munde, Gold im Grunde, Gold in der Morgenstunde! Sieh, das ist meine kleine Geschichte!", sagte die Butterblume.

„Meine arme, alte Großmutter!", seufzte Gerda. „Ja, sie sehnt sich gewiss nach mir und grämt sich um mich, ebenso wie sie es um den kleinen Kay tat. Aber ich komme bald wieder nach Hause und dann bringe ich Kay mit. Es nützt nichts, dass ich die Blumen frage, die wissen nur ihr eigenes

Lied; sie geben mir keinen Bescheid!" Und dann schürzte sie ihr kleines Kleid auf, damit sie rascher laufen könne; aber die Pfingstlilie schlug sich ihr über das Bein, als sie darüber hinsprang. Da blieb sie stehen, betrachtete die lange gelbe Blume und fragte: „Weißt du vielleicht etwas?" Und sie beugte sich ganz zur Pfingstlilie hinunter; und was sagte die?

„Ich kann mich selbst sehen! Ich kann mich selbst sehen!", sagte die Pfingstlilie. „Oh, wie ich dufte! Oben in dem kleinen Erkerzimmer steht, halb angekleidet, eine kleine Tänzerin; sie steht bald auf einem Bein, bald auf beiden. Sie tritt die ganze Welt mit Füßen; sie ist nichts als Blendwerk. Sie gießt Wasser aus dem Teetopf auf ein Stück Stoff, das sie hält; es ist der Schnürleib; Reinlichkeit ist eine schöne Sache! Das weiße Kleid hängt am Haken; das ist auch im Teetopf gewaschen und auf dem Dach getrocknet; sie zieht es an und schlägt das safrangelbe Tuch um den Hals; nun scheint

das Kleid noch weißer. Das Bein ausgestreckt! Sieh, wie sie hochmütig auf einem Beine steht! Ich kann mich selbst sehen! Ich kann mich selbst sehen!" „Darum kümmere ich mich gar nicht!", sagte Gerda. „Das brauchst du mir nicht zu erzählen!"; und dann lief sie nach dem Ende des Gartens.

Die Tür war verschlossen, aber sie rüttelte an der verrosteten Klinke, bis diese abfiel; die Tür sprang auf und barfüßig lief die kleine Gerda in die weite Welt hinaus. Sie blickte dreimal zurück, aber niemand war da, der sie verfolgte; zuletzt konnte sie nicht mehr laufen und setzte sich auf einen großen Stein; und als sie sich umsah, war der Sommer vorbei. Es war Spätherbst; das konnte man in dem schönen Garten gar nicht bemerken, wo immer Sonnenschein und Blumen aller Jahreszeiten waren.

„Gott, wie habe ich mich verspätet!", sagte die kleine Gerda. „Es ist ja Herbst geworden! Da darf ich nicht ruhen!" Und sie erhob sich, um weiterzugehen.

Oh, wie waren ihre kleinen Füße wund und müde! Ringsumher war es kalt und rauh; die langen Weidenblätter waren ganz gelb und der Trau tröpfelte als Wasser herab. Ein Blatt fiel nach dem andern; nur der Schlehdorn trug noch Früchte, die aber waren herbe und zogen ihr den Mund zusammen. Oh, wie grau und schwer war es in der weiten Welt!

Vierte Geschichte
Der Prinz und die Prinzessin

Gerda musste wieder ausruhen; da hüpfte dort auf dem Schnee, gerade gegenüber der Stelle, wo sie saß, eine große Krähe; die hatte lange ruhig gesessen, sie betrachtet und mit dem Kopf gewackelt. Nun sagte sie: „Kra! Kra – Gu' Tag! Gu' Tag". Besser konnte sie es nicht herausbringen, aber sie meinte es gut mit dem kleinen Mädchen und fragte, wohin sie so allein in die weite Welt hinausginge. Das Wort „allein" verstand Gerda sehr gut und fühlte, wie viel darin liegt; und sie erzählte der Krähe ihr ganzes Leben und Schicksal und fragte, ob sie Kay nicht gesehen habe.

Und die Krähe nickte bedächtig und sagte: „Das könnte sein! Das könnte sein!" „Wie? Glaubst du?", rief das kleine Mädchen und hätte fast die Krähe totgedrückt, so küsste es sie. „Vernünftig, vernünftig!", sagte die Krähe. „Ich glaube, ich weiß; ich glaube, es kann sein; der kleine Kay – aber nun hat er dich sicher über der Prinzessin vergessen!" „Wohnt er bei einer Prinzessin?", frage Gerda. „Ja, höre!", sagte die Krähe, „aber es fällt mir so schwer, deine Sprache zu sprechen. Verstehst du die Krähensprache? Dann kann ich besser erzählen." „Nein, die habe ich nicht gelernt", sagte Gerda; „aber die Großmutter verstand sie und auch sprechen konnte sie diese Sprache. Hätte ich es nur gelernt!" „Tut gar nichts!", sagte die Krähe, „ich werde erzählen, so gut ich kann; aber schlecht wird es trotzdem gehen"; und dann erzählte sie, was sie wusste.

„In dem Königreich, in welchem wir jetzt sitzen, wohnt eine Prinzessin, die ist ganz ungeheuer klug; sie hat alle Zeitungen, die es in der Welt gibt, gelesen und wieder vergessen, so klug ist sie. Neulich saß sie auf dem Thron und das ist nicht so angenehm wie man sagt; da fängt sie an, ein Lied zu singen, und das war gerade dieses: ‚Weshalb sollt' ich nicht heiraten!' ‚Höre, da ist etwas daran', sagte sie und so wollte sie sich verheiraten; aber sie wollte einen Mann haben, der zu antworten verstehe, wenn man mit ihm spräche; einen, der nicht bloß dastände und vornehm aussähe, denn das sei zu langweilig. Nun ließ sie alle Hofdamen zusammentrommeln und als diese hörten, was sie wollte, wurden sie sehr vergnügt. ‚Das mag ich leiden!', sagten sie; ‚daran dachte ich neulich auch!' – Du kannst es glauben, jedes Wort, das ich sage, ist wahr!", sagte die Krähe. „Ich habe eine zahme Liebste, die geht frei im Schlosse umher, und die hat mir alles erzählt!" Die Liebste war natürlich auch eine Krähe, denn wenn eine Krähe ihresgleichen sucht, ist es immer auch eine Krähe.

„Die Zeitungen kamen sogleich mit einem Rand mit Herzen und der Prinzessin Namenszug heraus; man konnte darin lesen, dass es einem jeden jungen Manne, der gut aussehe, freistehe, auf das Schloss zu kommen und dort mit der Prinzessin zu sprechen, und derjenige, der so spräche, dass man hören konnte, er sei dort zuhause, und der am besten spräche, den wolle die Prinzessin zum Manne nehmen". – „Ja, Ja", sprach die Krähe, „du kannst es mir glauben, es ist so wahr, wie ich hier sitze. Junge Männer strömten herbei; es war ein Gedränge und ein Gelaufe; aber es gelang keinem, weder am ersten noch am zweiten Tag. Sie konnten alle gut sprechen, wenn sie draußen auf der Straße waren, aber wenn sie durch das Schlosstor traten und dort die Gardisten in Silber sahen und auf den Treppen die Lakaien in Gold und die großen erleuchteten Säle, dann wurden sie verwirrt. Und standen sie gar vor dem Thron, wo die Prinzessin saß, dann wussten sie nichts zu sagen als das letzte Wort, das die gesprochen hatte; und das noch einmal zu hören, dazu hatte sie keine Lust. Es war gerade, als ob sie drinnen Schnupftabak auf den Magen bekommen hätten und in tiefen Schlaf gefallen wären, bis sie wieder auf die Straße kamen, dann, ja, dann konnten sie wieder schwatzen. Es stand eine Schlange vom Stadttor bis zum Schlosse hin. Ich war selbst drinnen, um es zu sehen!", sagte die Krähe. „Sie wurden hungrig und durstig, aber auf dem Schloss erhielten sie nicht einmal ein Glas laues Wasser. Zwar hatten sich einige der Klügsten Butterbrote mitgebracht, aber sie teilten nicht mir ihrem Nachbarn; sie dachten sich: ‚Lass ihn nur hungrig aussehen, dann nimmt ihn die Prinzessin nicht!'."

„Aber Kay, der kleine Kay!", fragte Gerda. „Wann kam der? War er unter der Menge?" „Warte! warte! jetzt sind wir gerade bei ihm! Es war am dritten Tag, da kam eine kleine Person, ohne Pferd oder Wagen, ganz fröhlich geradewegs auf das Schloss zumarschiert; seine Augen glänzten wie deine; er hatte schöne lange Haare, aber sonst ärmliche Kleider." „Das war Kay!", jubelte Gerda. „Oh, dann habe ich ihn gefunden!", und sie klatschte in die Hände.

„Er hatte ein kleines Ränzel auf dem Rücken!", sagte die Krähe. „Nein, das war sicher sein Schlitten!", sagte Gerda; „denn mit dem Schlitten ging er fort!" „Das kann wohl sein", sagte die Krähe, „ich sah nicht so genau danach! Aber das weiß ich von meiner zahmen Liebsten: Als er in das Schlosstor

kam und die Leibgardisten in Silber sah und auf den Treppen die Lakaien in Gold, wurde er nicht im Mindesten verlegen; er nickte und sagte zu ihnen: ‚Es muss langweilig sein, auf der Treppe zu stehen; ich gehe lieber hinein!' Da glänzten die Säle von Lichtern; Geheimräte und Exzellenzen gingen mit bloßen Füßen und trugen Goldgefäße; man konnte wohl andächtig werden! Seine Stiefel knarrten gewaltig, aber ihm wurde doch nicht bange."

„Das war ganz gewiss Kay!", sagte Gerda. „Ich weiß, er hatte neue Stiefel an, ich habe sie in der Großmutter Stube knarren hören!"

„Ja, freilich knarrten sie!", sagte die Krähe. „Und frischen Muts ging er gerade zur Prinzessin hinein, die auf einer Perle so groß wie ein Spinnrad saß; und alle Hofdamen mit ihren Jungfern und den Jungfern der Jungfern und alle Kavaliere mit

ihren Dienern und den Dienern der Diener, die wieder einen Burschen hielten, standen ringsherum aufgestellt; und je näher sie der Türe standen, desto stolzer sahen sie aus. Des Dieners Diener Burschen, der immer in Pantoffeln geht, darf man kaum anzusehen wagen; so stolz steht er an der Tür!"

„Das muss schrecklich sein!", sagte die kleine Gerda. „Und Kay hat doch die Prinzessin bekommen?"

„Wäre ich nicht eine Krähe gewesen, so hätte ich sie genommen, und das, obwohl ich verlobt bin. Er soll ebenso gut gesprochen haben, wie ich spreche, wenn ich die Krähensprache rede; das habe ich von meiner zahmen Liebsten gehört. Er war fröhlich und niedlich; er war nicht gekommen zum Freien, sondern nur, um der Prinzessin Klugheit zu hören; und die fand er gut, und sie fand ihn wieder gut."

„Ja, gewiss! das war Kay!", sagte Gerda. „Er war so klug; er konnte kopfrechnen mit Brüchen! Oh, willst du mich nicht auf dem Schloss einführen?"

„Ja, das ist leicht gesagt!", antwortete die Krähe. „Aber wie machen wir das? Ich werde es mit meiner zahmen Liebsten besprechen; sie kann uns wohl Rat erteilen; denn das muss ich dir sagen: So ein kleines Mädchen wie du bekommt nie die Erlaubnis, ganz hineinzukommen!"

„Doch, die erhalte ich!", sagte Gerda. „Wenn Kay hört, dass ich da bin, kommt er gleich heraus und holt mich!" „Erwarte mich dort am Gitter!", sagte die Krähe, wackelte mit dem Kopf und flog davon.

Erst als es spät am Abend war, kehrte die Krähe wieder zurück. „Rar! Rar!", sagte sie. „Ich soll dich vielmal von ihr grüßen und hier ist ein kleines Brot für dich, das hat sie aus der Küche genommen; dort ist Brot genug, und du bist sicher hungrig. Es geht nicht, dass du in das Schloss hinaufkommst: Du bist ja barfuß. Die Gardisten in Silber und die Lakaien in Gold würden es nicht erlauben. Aber weine nicht! Du sollst schon hinaufkommen. Meine Liebste kennt eine kleine Hintertreppe, die zum Schlafgemach führt, und sie weiß, wo sie den Schlüssel bekommen kann."

Und sie gingen in den Garten hinein, in die große Allee, wo ein Blatt nach dem anderen abfiel; und als auf dem Schloss die Lichter ausgelöscht wurden, das eine nach dem andern, führte die Krähe die kleine Gerda zu einer Hintertür, die nur angelehnt war.

Oh, wie Gerdas Herz vor Angst und Sehnsucht pochte! Es war gerade, als ob sie etwas Böses tun wollte; und sie wollte ja doch nur wissen, ob es der kleine Kay war. Ja, er musste es sein; sie dachte so lebhaft an seine klugen Augen, an sein langes Haar; sie konnte vor sich sehen, wie er lächelte, wie damals, als sie daheim unter den Rosen saßen. Er würde sicher froh sein, sie zu wiederzusehen; zu hören, welchen langen Weg sie um seinetwillen zurückgelegt; zu wissen, wie betrübt sie alle daheim gewesen, als er nicht wiedergekommen. Oh, das war eine Furcht und eine Freude!

Nun waren sie auf der Treppe; da brannte eine kleine Lampe auf einem Schrank; mitten auf dem Fußboden stand die zahme Krähe und drehte den Kopf nach allen Seiten und betrachtete Gerda, die sich verneigte, wie sie es die Großmutter gelehrt hatte. „Mein Verlobter hat mir so viel Gutes von Ihnen gesagt, mein kleines Fräulein", sagte die zahme Krähe, „Ihre Vita, wie man es nennt, ist sehr rührend. Wollen Sie die Lampe nehmen, dann werde ich vorausgehen. Wir gehen hier den geraden Weg, denn da begegnen wir niemandem."

„Es ist mir, als ginge jemand hinter uns", sagte Gerda, und da sauste es an ihr vorbei. Es war wie Schatten an der Wand: Pferde mit fliegenden Mähnen und dünnen Beinen, Jägerburschen, Herren und Damen zu Pferde.

„Das sind nur Träume", sagte die Krähe; „die kommen und holen der hohen Herrschaft Gedanken zur Jagd. Das ist recht gut, dann können Sie sie besser im Bette betrachten. Aber ich hoffe, wenn Sie zu Ehren und Würden gelangen, werden Sie ein dankbares Herz zeigen."

„Das versteht sich von selbst!", sagte die Krähe vom Walde. Nun kamen sie in den ersten Saal hinauf; der war aus rosenrotem Atlas mit künstlichen Blumen an den Wänden; hier sausten wieder die Träume an ihnen vorbei; aber sie jagten so schnell vorüber, dass Gerda die hohen Herrschaften nicht zu sehen bekam. Ein Saal war immer prächtiger als der andere; ja man konnte nur staunen! Nun waren sie im Schlafgemach. Hier glich die Decke einer großen Palme mit Blättern aus Glas, aus kostbarem Glas; und mitten auf dem Fußboden hingen an einem dicken Stängel aus Gold zwei Betten, von denen jedes wie eine Lilie aussah; die eine war weiß, in der lag die Prinzessin; die andere war rot, und in dieser sollte Gerda den kleinen Kay suchen. Sie bog eines der roten Blätter zur Seite und da sah sie einen braunen Nacken.

Oh, das war Kay! Sie rief ganz laut seinen Namen, hielt die Lampe nach ihm hin – die Träume sausten zu Pferde wieder in die Stube herein – er erwachte, drehte den Kopf und – es war nicht der kleine Kay.

Der Prinz glich ihm nur im Nacken; aber jung und hübsch war er. Und aus dem weißen Lilienblatt blinzelte die Prinzessin hervor und fragte, wer da sei. Da weinte die kleine Gerda und erzählte ihre ganze Geschichte und alles, was die Krähen für sie getan hatten.

„Du armes Kind!", sprachen der Prinz und die Prinzessin; und sie lobten die Krähen und sagten, dass sie gar nicht böse auf sie seien; aber sie sollten es doch nicht öfters tun. Übrigens sollten sie eine Belohnung erhalten.

„Wollt ihr frei fliegen?", fragte die Prinzessin. „Oder wollt ihr feste Anstellung als Hofkrähen haben, mit allem, was in der Küche abfällt?" Und beide Krähen verneigten sich und baten um feste Anstellung, denn sie gedachten des Alters und sagten: „Es wäre gar schön, etwas für die alten Tage zu haben", wie sie es nannten.

Und der Prinz stand aus seinem Bette auf und ließ Gerda darin schlafen, doch mehr konnte er nicht tun. Sie faltete ihre kleinen Hände und dachte: „Wie gut sind die Menschen und die Tiere!" Und dann schloss sie ihre Augen und schlief sanft. Alle Träume kamen wieder hereingeflogen und da sahen sie wie Gottes Engel aus, und sie zogen einen kleinen Schlitten, auf welchem Kay saß und nickte; aber das Ganze war nur Traum, und deshalb war es auch wieder fort, sobald sie erwachte.

Am folgenden Tag wurde sie von Kopf bis Fuß in Seide und Samt gekleidet; es wurde ihr angeboten, auf dem Schloss zu bleiben und gute Tage zu genießen; aber sie bat nur um einen kleinen Wagen mit einem Pferd davor und um ein Paar kleine Stiefel; dann wolle sie wieder in die weite Welt hinausfahren und Kay suchen.

Und sie erhielt sowohl Stiefel als auch einen Muff; sie wurde niedlich gekleidet, und als sie fort wollte, hielt vor der Tür eine neue Kutsche aus reinem Gold; des Prinzen und der Prinzessin Wappen glänzte an ihr wie ein Stern; Kutscher, Diener und Vorreiter, denn es waren auch Vorreiter da, hatten Goldkronen auf dem Kopf. Der Prinz und die Prinzessin selbst halfen ihr in den Wagen und wünschten ihr alles Glück. Die Waldkrähe, die nun verheiratet war, begleitete sie die ersten drei Meilen; sie saß ihr zur Seite, denn sie konnte nicht vertragen, rückwärts zu fahren. Die andere Krähe stand in der Tür und schlug mit den Flügeln; sie kam nicht mit, denn sie litt an Kopfschmerzen, seitdem sie eine feste Anstellung und zu viel zu essen erhalten hatte. Inwendig war die Kutsche mit Zuckerbrezeln gefüttert und im Sitz waren Früchte und Pfeffernüsse.

„Lebe wohl! Lebe wohl!", riefen der Prinz und die Prinzessin; und die kleine Gerda weinte und die Krähe weinte auch. So ging es die ersten Meilen; da sagte auch die Krähe Lebewohl, und das war der schwerste Abschied; sie flog auf einen Baum und schlug mit ihren schwarzen Flügeln, solange sie den Wagen sehen konnte, der wie der helle Sonnenschein strahlte.

Fünfte Geschichte
Das kleine Räubermädchen

Sie fuhren durch den dunklen Wald, aber die Kutsche leuchtete wie eine Fackel; das stach den Räubern in die Augen, das konnten sie nicht ertragen. „Das ist Gold, das ist Gold!", riefen sie, stürzten hervor, hielten die Pferde an, schlugen die kleinen Vorreiter, den Kutscher und die Diener tot und zogen dann die kleine Gerda aus dem Wagen.

„Sie ist fett, sie ist niedlich, sie ist mit Nusskernen gemästet!", sagte das alte Räuberweib, das einen langen struppigen Bart und Augenbrauen hatte, die ihm über die Augen herabhingen.

„Die ist so gut wie ein kleines fettes Lamm; wie wird die schmecken!" Und dann zog es sein blankes Messer heraus und das glänzte, dass es grässlich war.

„Au!", sagte das Weib im gleichen Augenblick, denn sie wurde von der eigenen Tochter ins Ohr gebissen; die hing so wild und unartig auf ihrem Rücken, dass es eine Lust war! „Du hässlicher Balg!", sagte die Mutter und hatte keine Zeit, um Gerda zu schlachten.

„Sie soll mit mir spielen!", sagte das kleine Räubermädchen. „Sie soll mir ihren Muff und ihr hübsches Kleid geben und bei mir in meinem Bette schlafen!" Und dann biss es wieder, dass das Räuberweib in die Höhe sprang und sich ringsherum drehte. Und alle Räuber lachten und grölten: „Seht, wie sie mit ihrer Göre tanzt!"

„Ich will in die Kutsche", sagte das kleine Räubermädchen. Und es musste und wollte seinen Willen haben, denn es war ganz verzogen und dickköpfig! Da saß es nun mit Gerda und so fuhren sie über Stock und Stein immer tiefer in den Wald hinein. Das kleine Räubermädchen war so groß wie Gerda, aber stärker, breitschultriger und von dunkler Haut; die Augen waren ganz schwarz; sie sahen fast traurig aus. Es fasste die kleine Gerda um den Leib und sagte: „Sie sollen dich nicht schlachten, solange ich dir nicht böse werde. Du bist wohl eine Prinzessin?"

„Nein", sagte Gerda und erzählte ihm alles, was sie erlebt hatte und wie sehr sie den kleinen Kay lieb hatte.

Das Räubermädchen betrachtete sie ernsthaft, nickte ein wenig mit dem Kopf und sagte: „Sie sollen dich nicht schlachten, selbst wenn ich dir böse werde; dann werde ich es schon selber tun!" Und dann trocknete es Gerdas Augen und steckte seine beiden Hände in den schönen Muff, der so weich und warm war.

Nun hielt die Kutsche an; sie waren mitten auf dem Hof eines Räuberschlosses. Es war von oben bis unten geborsten; Raben und Krähen flogen aus den offenen Löchern und die großen Bullenbeißer, von denen jeder aussah, als könnte er einen Menschen verschlingen, sprangen auf, aber sie bellten nicht, denn das war verboten.

In dem großen, alten, verräucherten Saal brannte mitten auf dem steinernen Fußboden ein helles Feuer; der Rauch zog unter die Decke und musste sich selbst den Ausweg suchen; ein großer Braukessel mit Suppe kochte und Hasen wie Kaninchen wurden an Spießen gebraten.

„Du sollst die Nacht mit mir bei all meinen kleinen Tieren schlafen", sagte das Räubermädchen. Sie bekamen zu essen und zu trinken und gingen dann in eine Ecke, wo Stroh und Teppiche lagen. Darüber saßen auf Latten und Stäben mehr als hundert Tauben, die alle zu schlafen schienen, sich aber doch ein wenig drehten, als die beiden kleinen Mädchen kamen.

„Die gehören alle mir!", sagte das kleine Räubermädchen und ergriff rasch eine der nächsten, hielt sie bei den Füßen und schüttelte sie, dass sie mit den Flügeln schlug. „Küsse sie!", rief es und wischte sie Gerda ins Gesicht. „Da sitzen die Waldkanaillen", fuhr es fort und zeigte hinter eine Anzahl Stäbe, die vor einem Loch oben in die Mauer eingeschlagen waren. „Das sind Waldkanaillen, die beiden; die fliegen gleich fort, wenn man sie nicht ordentlich verschlossen hält; und hier steht mein alter liebster Bä!" Und es zog ein Rentier, welches einen blanken kupfernen Ring um den Hals trug und angebunden war, am Geweih. „Den müssen wir auch in der Klemme halten, sonst springt er uns fort. Jeden Abend kitzele ich ihn mit meinem scharfen Messer am Hals, davor fürchtet er sich sehr!" Und das kleine Mädchen zog ein langes Messer aus einer Mauerspalte und ließ es über den Hals des Rentiers hingleiten; das arme Tier schlug mit den Beinen aus, das kleine Räubermädchen lachte und zog dann Gerda mit in das Bett hinein.

„Willst du das Messer bei dir behalten, wenn du schläfst?", frage Gerda und besah es etwas furchtsam.

„Ich schlafe immer mit dem Messer!", sagte das kleine Räubermädchen. „Man weiß nie, was kommen kann. Aber erzähle weiter von dem, was du mir vorhin von dem kleinen Kay sagtest und weshalb du in die weite Welt hinausgegangen bist." Und Gerda erzählte wieder von vorn, und die Waldtauben gurrten oben im Käfig und die andern Tauben schliefen. Das kleine Räubermädchen legte seinen Arm um Gerdas Hals, hielt das Messer in der andren Hand und schlief, dass man es hören konnte; aber Gerda konnte ihre Augen nicht schließen, sie wusste nicht, ob sie leben oder sterben würde. Die Räuber saßen rings um das Feuer, sangen und tranken und das Räuberweib schlug Purzelbäume. Oh, es war ganz grässlich für das kleine Mädchen mit anzusehen.

Da sagten die Waldtauben: „Kurre! Kurre! wir haben den kleinen Kay gesehen. Ein weißes Huhn trug seinen Schlitten; er saß im Wagen der Schneekönigin, der dicht über den Wald hinwegfuhr, als wir im Nest lagen; sie blies auf uns Junge und außer uns beiden starben alle. Kurre! Kurre!" „Was sagt ihr da oben?", rief Gerda. „Wohin reiste die Schneekönigin? Wisst ihr etwas davon?"

„Sie reiste wahrscheinlich nach Lappland, denn dort ist immer Schnee und Eis! Frage das Rentier, welches am Strick angebunden steht."

„Dort ist Eis und Schnee, dort ist es herrlich und gut!", sagte das Rentier. „Dort springt man frei umher in den großen glänzenden Tälern! Dort hat die Schneekönigin ihr Sommerzelt; aber ihr festes Schloss ist oben, gegen den Nordpol zu, auf der Insel, die Spitzbergen genannt wird!" „O Kay, kleiner Kay!" seufzte Gerda. „Du musst still liegen!" sagte das Räubermädchen; „Sonst stoße ich dir noch das Messer in den Leib!"

Am Morgen erzählte Gerda ihm alles, was die Waldtauben gesagt hatten und das kleine Räubermädchen sah ernst aus, nickte aber mit dem Kopfe und sagte: „Das ist einerlei! Das ist einerlei! – Weißt du, wo Lappland ist?", fragte es das Rentier. „Wer könnte es wohl besser wissen als ich?", sagte das Tier, und die Augen funkelten ihm im Kopfe. „Dort bin ich geboren und aufgewachsen; dort bin ich auf den Schneefeldern herumgesprungen!"

„Höre!", sagte das Räubermädchen zu Gerda, „du siehst, unsere Männer sind fort, nur die Mutter ist noch hier und die bleibt; aber gegen Mittag trinkt sie aus der großen Flasche und schlummert dann ein wenig darüber ein; dann werde ich etwas für dich tun!" Nun sprang sie aus dem Bett, fiel der Mutter um den Hals, zupfte sie am Bart und sagte: „Mein einzig lieber Ziegenbock, guten Morgen!" Und die Mutter gab ihr einen Nasenstüber, dass die Nase rot und blau wurde; und das geschah alles aus lauter Liebe.

Als die Mutter dann aus ihrer Flasche getrunken hatte und daraufhin einschlief, ging das Räubermädchen zum Rentier hin und sagte: „Ich könnte große Freude daran haben, dich noch manches Mal mit dem scharfen Messer zu kitzeln, denn dann bist du so possierlich; aber es ist einerlei. Ich will deine Schnur lösen und dir hinaushelfen, damit du nach Lappland laufen kannst; aber du musst tüchtig Beine machen und dieses kleine Mädchen zum Schloss der Schneekönigin

bringen, wo ihr Spielkamerad ist. Du hast schon gehört, was sie erzählte, denn sie sprach laut genug und du hast gelauscht!"

Das Rentier sprang auf vor Freude. Das Räubermädchen hob die kleine Gerda hinaus und war so umsichtig, sie festzubinden, ja sogar, ihr ein kleines Kissen zum Sitzen zu geben: „Da hast du auch deine Pelzstiefel", sagte es, „denn es wird kalt; aber den Muff behalte ich, der ist gar zu niedlich! Darum sollst du aber doch nicht frieren. Hier hast du meiner Mutter große Fausthandschuhe, die reichen dir gerade bis zum Ellbogen hinauf. Krieche hinein: Nun siehst du an den Händen ebenso aus wie meine hässliche Mutter!"

Und Gerda weinte vor Freude. „Ich kann nicht leiden, dass du weinst!", sagte das kleine Räubermädchen. „Gerade jetzt musst du recht froh aussehen! Und da hast du zwei Brote und einen Schinken; nun wirst du

nicht hungern." Beides wurde hinten auf das Rentier gebunden, das kleine Räubermädchen öffnete die Tür, lockte alle die großen Hunde herein, durchschnitt dann den Strick mit seinem scharfen Messer und sagte zum Rentier: „Nun Lauf! Aber gib gut auf das kleine Mädchen acht!"

Und Gerda streckte dem Räubermädchen die Hände mit den großen Fausthandschuhen entgegen und sagte Lebewohl, und dann flog das Rentier über Stock und Stein davon, durch den großen Wald über Sümpfe und Steppen, so schnell es nur konnte. Die Wölfe heulten und die Raben schrien – Fut! Fut! ging es am Himmel. Es war gleichsam, als ob er rot niese.

„Das sind meine alten Nordlichter!", sagte das Rentier; „sieh, wie sie leuchten!" Und dann lief es noch schneller davon, Tag und Nacht. Die Brote wurden alle verzehrt, der Schinken auch, und dann waren sie in Lappland.

Sechste Geschichte
Die Lappin und die Finnin

Bei einem kleinen Haus hielten sie an; es war sehr armselig. Das Dach ging bis zur Erde herunter, und die Tür war so niedrig, dass die Familie auf dem Bauch kriechen musste, wenn sie heraus oder hinein wollte. Hier war niemand zu Hause außer einer alten Lappin, die bei einer Tranlampe Fische briet; und das Rentier erzählte Gerdas ganze Geschichte, aber zuerst seine eigene, denn diese erschien ihm weit wichtiger; und Gerda war so starr von der Kälte, dass sie nicht sprechen konnte.

„Ach, ihr Armen!", sagte die Lappin; „da habt ihr noch weit zu laufen! Ihr müsst über hundert Meilen weit in die Finnmarken hinein, denn dort hat die Schneekönigin ihren Landsitz und brennt jeden Abend ein bengalisches Feuer ab. Ich werde einige

Worte auf einen trockenen Stockfisch schreiben, Papier habe ich nicht; den werde ich euch für die Finnin dort oben mitgeben. Sie kann euch besser Auskunft geben als ich!"

Und als Gerda nun aufgewärmt war und zu essen und zu trinken bekommen hatte, schrieb die Lappin einige Worte auf einen trockenen Stockfisch, bat Gerda, wohl darauf zu achten, band sie wieder auf dem Rentier fest und dieses sprang davon. Fut! Fut! ging es oben in der Luft; die ganze Nacht brannten die herrlichsten blauen Nordlichter. Und dann kamen sie in die Finnmarken und klopften an den Schornstein der Finnin, denn sie hatte nicht einmal eine Tür.

Drinnen war eine solche Hitze, dass die Finnin selbst fast völlig nackt ging. Sie war klein und ganz schmutzig. Sofort zog sie der kleinen Gerda die Fausthandschuhe und Stiefel aus, denn sonst wäre es ihr zu heiß geworden. Sie legte dem Rentier ein Stück Eis auf den Kopf und las dann, was auf dem Stockfisch geschrieben stand. Sie las es dreimal, dann wusste sie es auswendig und steckte den Fisch in den Suppenkessel, denn er konnte ja gegessen werden und sie verschwendete nie etwas.

Nun erzählte das Rentier zuerst seine Geschichte, dann die der kleinen Gerda, und die Finnin blinzelte mit den klugen Augen, sagte aber gar nichts.

„Du bist sehr klug", sagte das Rentier; „ich weiß, du kannst alle Winde der Welt mit einem Zwirnfaden zusammenbinden. Wenn der Schiffer den einen Knoten löst, so bekommt er guten Wind, löst er den andern, dann weht es scharf, und löst er den dritten und vierten, dann stürmt es, dass die Wälder umfallen. Willst du nicht dem kleinen Mädchen einen Trank geben, dass sie Zwölf-Männer-Kraft erhält und die Schneekönigin überwindet?"

„Zwölf-Männer-Kraft?", sagte die Finnin. „Na, das würde viel helfen!" Und dann ging sie zu einem Bett, nahm ein großes zusammengerolltes Fell hervor und rollte es auf. Darauf waren wunderliche Buchstaben geschrieben, und die Finnin las, dass ihr das Wasser von der Stirn troff.

Aber das Rentier bat wieder so sehr für die kleine Gerda, und Gerda blickte die Finnin so bittend und mit Augen voller Tränen an, dass diese mit den ihrigen zu blinzeln anfing und das Rentier in einen Winkel zog, wo sie ihm zuflüsterte, während es wieder frisches Eis auf den Kopf bekam:

„Der kleine Kay ist freilich bei der Schneekönigin und findet dort alles nach seinem Geschmack und Gefallen und glaubt, es sei der beste Ort in der Welt. Aber das kommt daher, dass er einen Glassplitter in das Herz und ein kleines Glaskörnchen in das Auge bekommen hat; die müssen zuerst heraus, sonst wird er nie wieder ein Mensch und die Schneekönigin wird die Macht über ihn behalten!"

„Aber kannst du nicht der kleinen Gerda etwas eingeben, so dass sie die Macht über das Ganze erhält?" „Ich kann ihr keine größere Macht geben als sie schon hat; siehst du nicht, wie groß die ist? Siehst du nicht, wie Menschen und Tiere ihr dienen müssen, wie sie mit bloßen Füßen so gut in der Welt fortgekommen ist? Sie kann nicht von uns ihre Macht erhalten; diese sitzt in ihrem Herzen und besteht darin, dass sie ein liebes unschuldiges Kind ist. Kann sie nicht selbst zur Schneekönigin hineingelangen und das Glas aus dem kleinen Kay herausbekommen, dann können wir nicht helfen! Zwei Meilen von hier beginnt der Garten der Schneekönigin, bis dahin kannst du das kleine Mädchen tragen. Setze sie bei dem großen Busch ab, der mit roten Beeren im Schnee steht. Halte keinen Gevatterklatsch, sondern spute dich, hierher zurückzukommen!" Und dann hob die Finnin die kleine Gerda auf das Rentier und das lief, was es konnte.

„Oh, ich habe meine Stiefel nicht! Ich habe meine Fausthandschuhe nicht!", rief

die kleine Gerda. Das merkte sie nun in der schneidenden Kälte; aber das Rentier wagte nicht anzuhalten. Es lief, bis es zu dem Busch mit den roten Beeren kam. Da setzte es Gerda ab und küsste sie auf den Mund, und es liefen große, heiße Tränen über die Backen des Tieres; und dann sprang es, was es nur konnte, wieder zurück. Da stand die arme Gerda, ohne Schuhe, ohne Handschuhe mitten in den fürchterlichen, eiskalten Finnmarken.

Sie lief vorwärts, so schnell sie nur konnte. Da kam ein ganzes Regiment Schneeflocken; aber die fielen nicht vom Himmel herab, denn der war ganz hell und glänzte von Nordlichtern. Die Schneeflocken liefen gerade auf der Erde dahin, und je näher sie kamen, desto größer wurden sie. Gerda erinnerte sich noch, wie groß und kunstvoll die Schneeflocken damals ausgesehen hatten, als sie sie durch ein Brennglas betrachtet hatte. Aber hier waren sie freilich noch weit größer und fürchterlicher; sie lebten, sie

waren die Vorposten der Schneekönigin. Sie hatten die sonderbarsten Gestalten. Einige sahen aus wie hässliche große Stachelschweine; andere wie ganze Knoten aus Schlangen, welche die Köpfe hervorstrecken; noch andere wie kleine dicke Bären, auf denen sich die Haare sträubten. Alle waren glänzend weiß, alle waren lebendige Schneeflocken.

Da betete die kleine Gerda ihr Vaterunser. Und die Kälte war so groß, dass sie ihren eigenen Atem sehen konnte; der ging ihr wie Rauch aus dem Munde. Der Atem wurde dichter und dichter und formte sich zu kleinen Engeln, die wuchsen und wuchsen, wenn sie die Erde berührten; und alle hatten Helme auf dem Kopf und Spieße und Schilde in den Händen. Ihre Anzahl wurde größer und größer, und als Gerda ihr Vaterunser beendet hatte, war eine ganze Legion um sie. Sie stachen mit ihren Spießen gegen die grässlichen Schneeflocken, so dass diese in hundert Stücke zersprangen. Und die kleine Gerda ging ganz sicher und frischen Mutes vorwärts. Die Engel streichelten ihr Hände und Füße, da empfand sie weniger, wie kalt es war und eilte zum Schloss der Schneekönigin.

Aber nun müssen wir erst noch sehen, was Kay macht. Er dachte freilich nicht an die kleine Gerda und am wenigsten daran, dass sie draußen vor dem Schlosse stehe.

Siebente Geschichte
Was sich im Schloss der Schneekönigin zugetragen hatte und was dann geschah

Die Wände des Schlosses waren aus Schneegestöber, und die Fenster und Türen aus schneidenden Winden. Es waren über hundert Säle darin, alle wie sie der Schnee zusammengeweht hatte. Der größte erstreckte sich über viele Meilen hinweg. Alle wurden von starkem Nordlicht beleuchtet und sie waren so groß, so leer, so eisig kalt und so glänzend! Nie gab es hier Lustbarkeiten, nicht einmal einen kleinen Bärenball, wozu der Sturm hätte aufspielen und wobei die Eisbären hätten auf den Hinterfüßen gehen und ihre feinen Manieren zeigen können; nie eine kleine Spielgesellschaft mit Maulklapp und Tatzenschlag; nie ein klein bisschen Kaffeeklatsch von den Weißfuchs-Fräulein; leer, groß und kalt war es in den Sälen der Schneekönigin. Die Nordlichter flammten so akkurat, dass man zählen konnte, wann sie am höchsten und wann sie am niedrigsten standen. Mitten in diesem leeren unendlichen Schneesaal war ein zugefrorener See, der war in tausend Stücke zersprungen; aber jedes Stück war dem andern so gleich, dass es ein vollkommenes Kunstwerk war. Und mitten auf dem See saß die Schneekönigin, wenn sie zu Hause war, und dann sagte sie, dass sie im Spiegel des Verstandes säße und dass dieser der einzige und der beste in der Welt sei.

Der kleine Kay war ganz blau vor Kälte, ja fast schwarz; aber er merkte es nicht, denn sie hatte ihm den Frostschauer abgeküsst und sein Herz glich einem Eisklumpen. Er schleppte einige scharfe, flache Eisstücke hin und her, die er auf alle mögliche Weise aneinanderfügte, denn er wollte damit etwas herausbringen. Es war gerade, als wenn wir kleine Holztafeln nehmen und diese in Figuren aneinanderlegen, was man das chinesische Spiel nennt. Kay ging auch und legte Figuren, und zwar die allerkunstvollsten. Das war das Eisspiel des Verstandes. In seinen Augen waren die Figuren ganz ausgezeichnet und von der höchsten Wichtigkeit: Das machte das Glaskörnchen, welches ihm im Auge saß! Er legte vollständige Figuren, die ein geschriebenes Wort waren; aber nie konnte er es dahin bringen, das Wort zu legen, das er doch unbedingt haben wollte,

das Wort „Ewigkeit". Und die Schneekönigin hatte gesagt: „Kannst du diese Figur herausfinden, dann sollst du dein eigener Herr sein und ich schenke dir die ganze Welt und ein Paar neue Schlittschuhe." Aber er konnte es nicht.

„Nun sause ich fort zu den warmen Ländern!", sagte die Schneekönigin. „Ich will hinfahren und in die schwarzen Töpfe hineinsehen!" Das waren die feuerspeienden Berge Ätna und Vesuv, wie man sie nennt. „Ich werde sie ein wenig weißen! Das gehört dazu; das tut den Zitronen und Weintrauben gut!" Und die Schneekönigin flog davon und Kay saß ganz allein in dem viele Meilen großen, leeren Eissaal, betrachtete die Eisstücke und dachte und dachte, so dass es in ihm knackte. Ganz steif und still saß er, man hätte glauben können, er sei erfroren.

Da geschah es, dass die kleine Gerda durch das große Tor in das Schloss trat. Schneidende Winde wehten hier; aber sie betete ein Abendgebet und da legten sich die Winde, als ob sie schlafen gingen. Sie trat in die großen, leeren, kalten Säle – da erblickte sie Kay. Sie erkannte ihn, sie flog ihm um den Hals, hielt ihn so fest und rief: „Kay! Lieber, kleiner Kay! Da habe ich dich endlich gefunden!"

Aber er saß ganz still, steif und kalt; da weinte die kleine Gerda heiße Tränen, die fielen auf seine Brust, sie drangen in sein Herz, tauten den Eisklumpen auf und verzehrten das kleine Spiegelstück darin. Er betrachtete sie und sie sang:

„Rosen, die blüh'n und verwehen;
Wir werden das Christkindlein sehen!"

Da brach Kay in Tränen aus. Er weinte so, dass das Spiegelsplitterchen aus dem Auge schwamm, und nun erkannte er sie und jubelte: „Gerda! Liebe, kleine Gerda! Wo bist du so lange gewesen? Und wo bin ich gewesen?" Und er blickte rings um sich her. „Wie kalt es hier ist! Wie weit und leer es hier ist!" Und er klammerte sich an Gerda und sie lachte und weinte vor Freude. Das war so herrlich, dass selbst die Eisstücke vor Freude ringsherum tanzten, und als sie müde waren und sich niederlegten, lagen sie gerade in den Buchstaben, von denen die Schneekönigin gesagt hatte, dass er sie ausfindig machen sollte, dann wäre er sein eigener Herr und sie wolle ihm die ganze Welt und ein Paar neue Schlittschuhe geben.

Und Gerda küsste seine Wangen und sie wurden blühend; sie küsste seine Augen und sie leuchteten wie die ihrigen; sie küsste seine Hände und Füße und er war gesund und munter. Die Schneekönigin mochte nun nach Hause kommen, sein Freibrief stand da mit glänzenden Eisstücken geschrieben.

Und sie fassten einander bei den Händen und wanderten aus dem großen Schloss hinaus. Sie sprachen von der Großmutter und von den Rosen oben auf dem Dach; und wo sie gingen, ruhten die Winde und die Sonne brach hervor. Und als sie den Busch mit den roten Beeren erreichten, stand das Rentier da und wartete. Es hatte ein anderes junges Rentier mit sich, dessen Euter voll war; und es gab den Kleinen seine warme Milch und küsste sie auf den Mund. Dann trugen sie Kay und Gerda erst zur Finnin, wo sie sich in der heißen Stube aufwärmten und über die Heimreise Bescheid erhielten; dann zur Lappin, welche ihnen neue Kleider genäht und ihren Schlitten instand gesetzt hatte.

Das Rentier und das Junge sprangen zur Seite und folgten, gerade bis zur Grenze des Landes; dort sprosste das erste Grün hervor. Da nahmen sie Abschied vom Rentier und von der Lappin. „Lebt wohl!", sagten alle. Und die ersten kleinen Vögel begannen zu zwitschern, der Wald hatte grüne Knospen und aus ihm kam auf einem prächtigen Pferde, welches Gerda erkannte, denn es

war vor der goldenen Kutsche angespannt gewesen, ein jungen Mädchen geritten, mit einer leuchtend roten Mütze auf dem Kopf und Pistolen im Halfter. Das war das kleine Räubermädchen, welches es satt hatte, zu Hause zu sein, und nun erst gegen Norden und später, wenn ihm das nicht zusagte, nach einer andern Richtung in die Welt hinaus wollte. Es erkannte Gerda gleich und Gerda erkannte es; das war eine Freude!

„Du bist mir ein schöner Bursche, so umherzuschweifen!", sagte sie zum kleinen Kay. „Ich möchte wissen, ob du verdienst, dass man deinethalben bis ans Ende der Welt läuft!" Aber Gerda klopfte ihr die Wangen und fragte nach dem Prinzen und der Prinzessin. „Die sind nach fremden Ländern gereist!" sagte das Räubermädchen.

„Aber die Krähe?", sagte Gerda. „Ja, die Krähe ist tot!", erwiderte sie. „Die zahme Liebste ist Witwe geworden und geht mit einem Endchen schwarzen Wollgarns um das Bein; sie klagt ganz jämmerlich – ein Geschwätz ist das Ganze! – Aber erzähle mir nun, wie es dir ergangen ist und wie du ihn erwischt hast!" Und Gerda und Kay erzählten.

„Schnipp-Schnapp-Schnurre-Purre-Basselurre!", sagte das Räubermädchen, nahm beide bei den Händen und versprach, dass, wenn sie je durch ihre Stadt kommen sollte, sie hinaufkommen werde, sie zu besuchen. Und dann ritt sie in die weite Welt hinein. Aber Kay und Gerda gingen Hand in Hand, und wo sie gingen, war es herrlicher Frühling mit Blumen und mit Grün. Die Kirchenglocken läuteten und sie erkannten die hohen Türme, die große Stadt; es war die, in der sie wohnten. Und sie gingen hinein und hin zur Türe der Großmutter, die Treppe hinauf, in die Stube hinein, wo alles wie früher auf derselben Stelle stand. Und die Uhr ging: „Tick! Tack!", und die Zeiger drehten sich. Aber indem sie durch die Tür gingen, bemerkten sie, dass sie erwachsene Menschen geworden waren. Die Rosen aus der Dachrinne blühten zum offenen Fenster hinein und da standen die kleinen Kinderstühle, und Kay und Gerda setzten sich ein jeder auf den seinigen und hielten einander bei den Händen; die kalte, leere Herrlichkeit bei der Schneekönigin hatten sie gleich einem schweren Traum vergessen. Die Großmutter saß in Gottes hellem Sonnenschein und las laut aus der Bibel: „Werdet ihr nicht wie die Kinder, so werdet ihr das Reich Gottes nicht erben!"

Und Kay und Gerda sahen einander in die Augen und sie verstanden auf einmal den alten Gesang:

„Rosen, die blüh'n und verwehen;
Wir werden das Christkindlein sehen!"

Da saßen sie beide, erwachsen und doch Kinder, Kinder im Herzen; und es war Sommer, ein warmer, herrlicher Sommer.

Das hässliche junge Entlein

Es war herrlich draußen auf dem Lande. Es war Sommer, das Korn stand gelb, der Hafer grün, das Heu war unten auf den grünen Wiesen in Schobern aufgesetzt und der Storch ging auf seinen langen, roten Beinen und plapperte ägyptisch, denn diese Sprache hatte er von seiner Frau Mutter gelernt. Rings um die Äcker und Wiesen waren große Wälder und mitten in den Wäldern tiefe Seen. Ja, es war wirklich herrlich draußen auf dem Lande! Mitten im Sonnenschein lag dort ein altes Landgut, von tiefen Kanälen umgeben, und von der Mauer bis zum Wasser herunter wuchsen große Klettenblätter, die so hoch waren, dass kleine Kinder unter den höchsten aufrecht stehen konnten; es war eben so wild darin, wie im tiefsten Walde. Hier saß auf ihrem Neste eine Ente, welche ihre Jungen ausbrüten musste; aber es wurde ihr fast zu langweilig, ehe die

Jungen kamen; dazu erhielt sie selten Besuch; die andern Enten schwammen lieber in den Kanälen umher, als dass sie hinauf liefen, sich unter ein Klettenblatt zu setzen, um mit ihr zu schnattern.

Endlich platzte ein Ei nach dem andern: „Piep! Piep!", sagte es, und alle Eidotter waren lebendig geworden und steckten den Kopf heraus.

„Rapp! rapp!", sagte sie, und so rappelten sich alle, was sie konnten, und sahen nach allen Seiten unter den grünen Blättern; und die Mutter ließ sie sehen, so viel sie wollten, denn das Grüne ist gut für die Augen.

„Wie groß ist doch die Welt!", sagten alle Jungen; denn nun hatten sie freilich viel mehr Platz als wie im Ei.

„Glaubt ihr, dass dies die ganze Welt sei?", sagte die Mutter; „die erstreckt sich noch weit über die andere Seite des Gartens, gerade hinein in des Pfarrers Feld; aber da bin ich noch nie gewesen!" – „Ihr seid doch alle beisammen?", fuhr sie fort und stand auf. „Nein, ich habe nicht alle; das größte Ei liegt noch da; wie lange soll denn das dauern! Jetzt bin ich es bald überdrüssig!", und so setzte sie sich wieder.

„Nun, wie geht es?", sagte eine alte Ente, welche gekommen war, um ihr einen Besuch abzustatten.

„Es währt recht lange mit dem einen Ei!", sagt die Ente, die da saß; „es will nicht platzen; doch sieh nur die andern an: Sind es nicht die niedlichsten Entlein, die man je gesehen? Sie gleichen allesamt ihrem Vater; der Bösewicht kommt nicht, mich zu besuchen."

„Lass mich das Ei sehen, welches nicht platzen will!", sagte die Alte. „Glaube mir, es ist ein Kalkutten-Ei! Ich bin auch einmal so angeführt worden und hatte meine große Sorge und Not mit den Jungen, denn ihnen ist bange vor dem Wasser! Ich konnte sie nicht hineinbringen, ich rappte und schnappte, aber es half nichts. – Lass mich das Ei sehen! Ja, das ist ein Kalkutten-Ei! Lass das liegen und lehre lieber die andern Kinder schwimmen!"

„Ich will doch noch ein bisschen darauf sitzen", sagte die Ente, „habe ich nun so lange gesessen, so kann ich auch noch einige Tage sitzen."

„Nach Belieben", sagte die alte Ente und ging von dannen.

Endlich platzte das große Ei. „Piep! Piep!", sagte das Junge und kroch heraus. Es war sehr groß und hässlich. Die Ente betrachtete es: „Es ist doch ein gewaltig großes Entlein das", sagte sie; „keins von den andern sieht so aus; sollte es wohl ein kalkuttisches Kücklein sein? Nun wir wollen bald dahinter kommen; in das Wasser muss es, sollte ich es auch selbst hineinstoßen!"

Am nächsten Tage war schönes, herrliches Wetter; die Sonne schien auf alle grünen Kletten. Die Entleinmutter ging mit ihrer ganzen Familie zu dem Kanal hinunter. Platsch! Da sprang sie in das Wasser. „Rapp! rapp!", sagte sie, und ein Entlein nach dem andern plumpste hinein; das Wasser schlug ihnen über dem Kopfe zusammen, aber sie kamen gleich wieder empor und schwammen ganz prächtig; die Beine gingen von selbst und alle waren sie im Wasser; selbst das hässliche, graue Junge schwamm mit.

„Nein, es ist kein Kalkutt", sagte sie; „sieh, wie herrlich es die Beine gebraucht, wie gerade es sich hält: Es ist mein eigenes Kind! Im Grunde ist es doch hübsch, wenn man es nur recht betrachtet. Rapp! rapp! – Kommt nur mit mir, ich werde euch in die große Welt führen, euch im Entenhofe präsentieren; aber haltet euch immer nahe zu mir, damit euch niemand trete, und nehmt euch vor den Katzen in Acht!"

Und so kamen sie in den Entenhof hinein. Drinnen war ein schrecklicher Lärm, denn da waren zwei Familien, die sich um einen Aalkopf bissen, und am Ende bekam ihn doch die Katze.

„Seht, so geht es in der Welt zu!", sagte die Entleinmutter und wetzte ihren Schnabel, denn sie wollte auch den Aalkopf haben. „Braucht nun die Beine!", sagte sie; „seht, dass ihr euch rappeln könnt und neigt euern Hals vor der alten Ente dort; denn die ist die vornehmste von allen hier: sie ist aus spanischem Geblüt, deshalb ist sie so dick, und seht, sie hat einen roten Lappen um das Bein, das ist etwas außerordentlich Schönes und die größte Auszeichnung, welche einer Ente zuteil werden kann; das bedeutet so viel, dass man sie nicht verlieren will und dass sie von Tier und Menschen erkannt werden soll! – Rappelt euch! Setzt die Füße nicht einwärts: Ein wohlerzogenes Entlein setzt die Füße weit auswärts, gerade wie Vater und Mutter; seht: so! Nun neigt euern Hals und sagt: Rapp!"

Und das taten sie; aber die andern Enten ringsumher betrachteten sie und sagten ganz laut: „Sieh da! Nun sollen wir noch den Anhang haben; als ob wir nicht schon so genug wären! Und pfui! wie das eine Entlein aussieht, das wollen wir nicht dulden!" – Und sogleich flog eine Ente hin und biss es in den Nacken.

„Lass es gehen!", sagte die Mutter; „es tut ja niemandem etwas."

„Ja, aber es ist zu groß und zu ungewöhnlich", sagte die beißende Ente, „und deshalb muss es gepufft werden."

„Es sind hübsche Kinder, welche die Mutter hat", sagte die alte Ente mit dem Lappen um das Bein, „alle schön, bis auf das eine; das ist nicht geglückt; ich möchte, dass sie es umarbeitete."

„Das geht nicht, Ihro Gnaden", sagte die Entleinmutter; „es ist nicht hübsch, aber es hat ein gutes Gemüt und schwimmt so herrlich wie jedes andere, ja, ich darf sagen, noch etwas besser; ich denke, es wird hübsch heranwachsen und mit der Zeit etwas kleiner werden; es hat zu lange in dem Ei gelegen und deshalb nicht die rechte Gestalt bekommen!" Und so zupfte sie es im Nacken und glättete das Gefieder. „Es ist überdies ein Enterich", sagte sie; „und darum macht es nicht so viel aus. Ich denke, er wird gute Kräfte bekommen; er schlägt sich schon durch."

„Die andern Entlein sind niedlich", sagte die Alte; „tut nun, als ob ihr zu Hause wäret, und findet ihr einen Aalkopf, so könnt ihr mir ihn bringen."

Und nun waren sie zu Hause.

Aber das arme Entlein, welches zuletzt aus dem Ei gekrochen war und so hässlich aussah, wurde gebissen, gestoßen und zum Besten gehabt, und das sowohl von den Enten wie von den Hühnern. „Es ist zu groß!", sagten alle, und der kalkuttische Hahn, welcher mit Sporen zur Welt gekommen war und deshalb glaubte, dass er Kaiser sei, blies sich auf wie ein Fahrzeug mit vollen Segeln und ging auf das Entlein los; dann kollerte er und wurde ganz rot am Kopfe. Das arme Entlein wusste nicht, wo es stehen oder gehen sollte; es war betrübt, weil es hässlich aussah und vom ganzen Entenhofe verspottet wurde.

So ging es den ersten Tag und später wurde es schlimmer und schlimmer. Das arme Entlein wurde von allen gejagt: Selbst seine Schwestern waren böse ihm gegenüber und sagten immer: „Wenn die Katze dich nur fangen möchte, du hässliches Geschöpf!" Und die Mutter sagte: „Wenn du nur weit fort wärest!" Die Enten bissen es und die Hühner schlugen es und das Mädchen, welches die Tiere füttern sollte, stieß mit den Füßen nach ihm.

Da lief es und flog über den Zaun; die kleinen Vögel in den Büschen flogen erschrocken auf. „Das geschieht, weil ich so

hässich bin", dachte das Entlein und schloss die Augen, lief aber gleichwohl weiter; so kam es hinaus zu dem großen Moor, wo die wilden Enten wohnten. Hier lag es die ganze Nacht; es war müde und kummervoll.

Gegen Morgen flogen die wilden Enten auf und betrachteten den neuen Kameraden. „Was bist du für einer?", fragten sie, und das Entlein wendete sich nach allen Seiten und grüßte, so gut es konnte.

„Du bist außerordentlich hässlich!", sagten die wilden Enten; „aber das kann uns gleich sein, wenn du nur nicht in unsere Familie hineinheiratest." – Das Arme! Es dachte wahrlich nicht daran, sich zu verheiraten, wenn es nur die Erlaubnis erhalten konnte, im Schilfe zu liegen und etwas Moorwasser zu trinken.

So lag es zwei ganze Tage; da kamen zwei wilde Gänse oder richtiger wilde Gänseriche dorthin; es war noch nicht lange her, dass sie aus dem Ei gekrochen waren, und deshalb waren sie auch so keck.

„Höre, Kamerad!", sagten sie, „du bist so hässlich, dass wir dich gut leiden können; willst du mitziehen und Zugvogel werden? Hier nahebei in einem andern Moor gibt es einige süße, liebliche wilde Gänse, sämtlich Fräulein, die alle Rapp! sagen können. Du bist imstande, dein Glück dort zu machen, so hässlich du auch bist!" –

Piff! Paff! ertönte es eben und beide wilden Gänseriche fielen tot in das Schilf nieder und das Wasser wurde blutrot. – Piff! Paff! erscholl es wieder und ganze Scharen wilder Gänse flogen aus dem Schilfe auf. Und dann knallte es abermals. Es war große Jagd; die Jäger lagen rings um das Moor herum; ja, einige saßen oben in den Baumzweigen, welche sich weit über das Schilfrohr hinstreckten. Der blaue Rauch zog gleich Wolken in die dunkeln Bäume hinein und weit über das Wasser hin; zum Moore kamen die Jagdhunde: platsch, platsch; das Schilf und das Rohr neigte sich nach allen Seiten. Das war

ein Schreck für das arme Entlein! Es wendete den Kopf, um ihn unter den Flügel zu stecken, aber in demselben Augenblicke stand ein fürchterlich großer Hund dicht bei ihm; die Zunge hing ihm lang aus dem Halse heraus und die Augen leuchteten gräulich, hässlich; er streckte seine Schnauze dem Entlein gerade entgegen, zeigte ihm die scharfen Zähne und – platsch, platsch! ging er wieder, ohne es zu packen.

„O, Gott sei Dank!", seufzte das Entlein; „ich bin so hässlich, dass mich selbst der Hund nicht beißen mag!"

Und so lag es still, während die Schrote durch das Schilf sausten und Schuss auf Schuss knallte.

Erst spät am Tage wurde es ruhig: Aber das arme Junge wagte noch nicht, sich zu erheben; es wartete noch mehrere Stunden, bevor es sich umsah, und dann eilte es fort aus dem Moore, so schnell es konnte. Es lief über Feld und Wiese: Da tobte ein solcher Sturm, dass es ihm schwer wurde, von der Stelle zu kommen.

Gegen Abend erreichte es eine kleine, armselige Bauernhütte; die war so baufällig, dass sie selbst nicht wusste, nach welcher Seite sie fallen sollte; und darum blieb sie stehen. Der Sturm umsauste das Entlein so, dass es sich niedersetzen musste, um sich dagegen zu stemmen, und es wurde schlimmer und schlimmer. Da bemerkte es, dass die Tür aus der einen Angel gegangen war und so schief hing, dass es durch die Spalte in die Stube hineinschlüpfen konnte, und das tat es.

Hier wohnte eine Frau mit ihrem Kater und ihrer Henne. Und der Kater, welchen sie Söhnchen nannte, konnte einen Buckel machen und schnurren; er sprühte sogar Funken, aber dann musste man ihn gegen das Haar streicheln. Die Henne hatte ganz kleine, niedrige Beine und deshalb wurde sie Kückelchen-Kurzbein genannt; sie legte gute Eier und die Frau liebte sie wie ihr Kind.

Am Morgen bemerkte man sogleich das fremde Entlein, und der Kater begann zu schnurren und die Henne zu glucken.

„Was ist das?", sagte die Frau und sah sich rings um; aber sie sah nicht gut und so glaubte sie, dass das Entlein eine fette Ente sei, die sich verirrt habe. „Das ist ja ein seltener Fang!", sagte sie. „Nun kann ich Enteneier bekommen. Wenn es nur kein Enterich ist! Das müssen wir erproben."

Und so wurde das Entlein für drei Wochen auf Probe angenommen; aber es kamen keine Eier. Und der Kater war Herr im Hause und die Henne war die Dame und immer sagte sie: „Wir und die Welt!" Denn sie glaubte, dass sie die Hälfte seien, und zwar die bei weitem beste Hälfte. Das Entlein glaubte, dass man auch eine andere Meinung haben könne; aber das litt die Henne nicht.

„Kannst du Eier legen?", fragte sie.

„Nein!"

„Nun, so wirst du die Güte haben zu schweigen!"

Und der Kater sagte: „Kannst du einen krummen Buckel machen, schnurren und Funken sprühen?"

„Nein!"

„So darfst du auch keine Meinung haben, wenn vernünftige Leute sprechen!"

Und das Entlein saß im Winkel und war bei schlechter Laune; da fiel die frische Luft und der Sonnenschein herein; es bekam solche sonderbare Lust, auf dem Wasser zu schwimmen, dass es nicht unterlassen konnte, dies der Henne zu sagen.

„Was fällt dir ein?", fragte die. „Du hast nichts zu tun, deshalb fängst du Grillen! Lege Eier oder schnurre, so gehen sie vorüber."

„Aber es ist so schön, auf dem Wasser zu schwimmen!", sagte das Entlein, „so herrlich, es über dem Kopfe zusammenschlagen zu lassen und auf den Grund zu tauchen!"

„Ja, das ist ein großes Vergnügen!", sagte die Henne. „Du bist wohl verrückt geworden! Frage den Kater danach – er ist das klügste Geschöpf, das ich kenne – ob er es liebt, auf dem Wasser zu schwimmen oder unterzutauchen? Ich will nicht von mir sprechen. Frage selbst unsere Herrschaft, die alte Frau; klüger als sie ist niemand auf der Welt! Glaubst du, dass die Lust hat zu schwimmen und das Wasser über dem Kopfe zusammenschlagen zu lassen?"

„Ihr versteht mich nicht!", sagte das Entlein.

„Wir verstehen dich nicht? Wer soll dich denn verstehen können! Du wirst doch wohl nicht klüger sein wollen als der Kater und die Frau; – von mir will ich nicht reden! Bilde dir nichts ein, Kind, und danke deinem Schöpfer für all' das Gute, was man dir erwiesen! Bist du nicht in eine warme Stube gekommen und hast du nicht eine Gesellschaft, von der du etwas profitieren kannst? Aber du bist ein Schwätzer und es ist nicht erfreulich, mit dir umzugehen! Mir

kannst du glauben! Ich meine es gut mit dir. Ich sage dir Unangenehmes und daran kann man seine wahren Freunde erkennen! Sieh nur zu, dass du Eier legst oder schnurren und Funken sprühen lernst!"

„Ich glaube, ich gehe hinaus in die weite Welt!", sagte das Entlein.

„Ja, tue das!", sagte die Henne.

Und das Entlein ging; es schwamm auf dem Wasser, es tauchte unter, aber von allen Tieren wurde es wegen seiner Hässlichkeit übersehen.

Nun trat der Herbst ein; die Blätter im Walde wurden gelb und braun; der Wind fasste sie, so dass sie umhertanzten; und oben in der Luft war es sehr kalt; die Wolken hingen schwer von Hagel und Schneeflocken; und auf dem Zaune stand der Rabe und schrie: „Au! Au!" vor Kälte; ja, es fror einen schon, wenn man nur daran dachte. Das arme Entlein hatte es wahrlich nicht gut!

Eines Abends – die Sonne ging so schön unter! – kam ein Schwarm herrlicher, großer Vögel aus dem Busche; das Entlein hatte nie so schöne gesehen; sie waren blendend weiß, mit langen geschmeidigen Hälsen: Es waren Schwäne. Sie stießen einen eigentümlichen Ton aus, breiteten ihre prächtigen, langen Flügel aus und flogen aus der kalten Gegend fort nach wärmeren Ländern, nach offenen Seen. Sie stiegen so hoch, so hoch, und dem hässlichen, jungen Entlein wurde gar sonderbar zumute. Es drehte sich im Wasser, wie ein Rad, rundherum, streckte den Hals hoch in die Luft nach ihnen und stieß einen so lauten und sonderbaren Schrei aus, dass es sich selbst davor fürchtete. O, es konnte die schönen, glücklichen Vögel nicht vergessen; und sobald es sie nicht mehr erblickte, tauchte es unter bis auf den Grund; und als es wieder heraufkam, war es wie außer sich. Es wusste nicht, wie die Vögel hießen, auch nicht, wohin sie flögen; aber doch war es ihnen gut wie es nie jemandem gewesen. Es beneidete sie durchaus nicht. Wie konnte es ihm einfallen, sich solche Lieblichkeit zu wünschen? Es wäre schon froh gewesen, wenn die Enten es nur unter sich geduldet hätten – das arme hässliche Tier!

Der Winter wurde kalt, sehr kalt. Das Entlein musste im Wasser umherschwimmen, um das völlige Zufrieren desselben zu verhindern; aber in jeder Nacht wurde das Loch, in dem es schwamm, kleiner und kleiner. Es fror so, dass es in der Eisdecke knackte; das Entlein musste fortwährend die Beine gebrauchen, damit das Loch sich nicht schloss. Zuletzt wurde es matt, lag ganz still und fror so im Eise fest.

Des Morgens früh kam ein Bauer; da er dies sah, ging er hin, schlug mit seinem Holzschuh das Eis in Stücke und trug das Entlein heim zu seiner Frau. Da kam es wieder zu sich.

Die Kinder wollten mit ihm spielen; aber das Entlein glaubte, sie wollten ihm etwas zuleide tun, und fuhr in der Angst gerade in den Milchnapf hinein, so dass die Milch in die Stube spritzte. Die Frau schlug die Hände zusammen, worauf es in das Butterfass, dann hinunter in die Mehltonne und wieder heraus flog. Wie sah es da aus! Die Frau schrie und schlug mit der Feuerzange danach; die Kinder rannten einander über den Haufen, um das Entlein zu fangen; sie lachten und schrien! – Gut war es, dass die Tür aufstand und das Entlein zwischen die Reiser in den frischgefallenen Schnee schlüpfen konnte, – da lag es ganz ermattet.

Aber all' die Not und das Elend, welche das Entlein in dem harten Winter erdulden musste, zu erzählen, würde zu trübe sein. – Es lag im Moore zwischen dem Schilfe, als die Sonne wieder warm zu scheinen begann. Die Lerchen sangen; es war herrlicher Frühling.

Da konnte auf einmal das Entlein seine Flügel schwingen; sie brausten stärker als früher und trugen es kräftig davon; und ehe es recht wusste, was mit ihm geschah, befand es sich in einem großen Garten, wo der Flieder duftete und seine langen, grünen Zweige bis zu den geschlängelten Kanälen hinunter neigte. O, hier war es so schön, so frühlingsfrisch! Und vorn aus dem Dickicht kamen drei prächtige, weiße Schwäne; sie brausten mit den Federn und schwammen leicht auf dem Wasser. Das Entlein kannte die prächtigen Tiere und wurde von einer eigentümlichen Traurigkeit befangen.

„Ich will zu ihnen hinfliegen, zu den königlichen Vögeln! Und sie werden mich totschlagen, weil ich, der ich so hässlich bin, mich ihnen zu nähern wage. Aber das ist einerlei! Besser von ihnen getötet als von den Enten gezwackt, von den Hühnern geschlagen, von dem Mädchen, welches den Hühnerhof hütet, gestoßen zu werden und im Winter Mangel zu leiden!" Und es flog hinaus in das Wasser und schwamm den prächtigen Schwänen entgegen; diese erblickten es und schossen mit brausenden Federn auf dasselbe los. „Tötet mich nur!", sagte das arme Tier, neigte seinen Kopf der Wasserfläche zu und erwartete den Tod. – Aber was erblickte es in dem klaren Wasser? Es sah sein eigenes Bild unter sich, das kein plumper, schwarzgrauer Vogel mehr, hässlich und garstig, sondern selbst ein Schwan war.

Es schadet nichts, in einem Entenhofe geboren zu sein, wenn man nur in einem Schwanenei gelegen hat!

Es fühlte sich erfreut über all' die Not und Drangsal, welche es erduldet. Nun erkannte es erst recht sein Glück an der Herrlichkeit, die es begrüßte. – Und die großen Schwäne umschwammen es und streichelten es mit den Schnäbeln.

In den Garten kamen einige kleine Kinder, die warfen Brot und Korn in das Wasser und das kleinste rief: „Da ist ein neuer!" Und die andern Kinder jubelten mit: „Ja es ist ein neuer angekommen!" Und sie klatschten mit den Händen und tanzten umher, liefen zu Vater und Mutter und es wurde Brot und Kuchen in das Wasser geworfen, und sie sagten alle: „Der neue ist der schönste! So jung und so prächtig!" Und die alten Schwäne neigten sich vor ihm.

Da fühlte er sich ganz beschämt und steckte den Kopf unter seine Flügel; er wusste selbst nicht, was er beginnen sollte; er war allzu glücklich, aber durchaus nicht stolz. Er dachte daran, wie er verfolgt und verhöhnt worden war, und hörte nun alle sagen, dass er der schönste aller schönen Vögel sei. Selbst der Flieder bog sich mit den Zweigen zu ihm in das Wasser hinunter und die Sonne schien warm und mild! Da brausten seine Federn; der schlanke Hals hob sich und aus vollem Herzen jubelte er: „So viel Glück habe ich mir nicht träumen lassen, als ich noch das hässliche Entlein war!"

Die wilden Schwäne

Weit von hier, dort, wohin die Schwalben fliegen, wenn wir Winter haben, wohnte ein König, der elf Söhne und eine Tochter Elisa hatte. Die elf Brüder waren Prinzen und gingen mit dem Stern auf der Brust und dem Säbel an der Seite in die Schule. Sie schrieben mit Diamantgriffeln auf Goldtafeln und lernten ebenso auswendig, wie sie lasen; man konnte gleich hören, dass sie Prinzen waren. Die Schwester Elisa saß auf einem kleinen Schemel von Spiegelglas und hatte ein Bilderbuch, welches für das halbe Königreich erkauft war.

O, die Kinder hatten es außerordentlich gut; aber so sollte es nicht immer bleiben!

Ihr Vater, welcher König über das ganze Land war, verheiratete sich mit einer bösen Königin, die die armen Kinder gar nicht liebte. Schon am ersten Tage konnten sie es merken. Auf dem Schlosse war große Pracht und da spielten die Kinder: „Es kommt Besuch"; aber statt dass sie, wie sonst, alle Kuchen und alle gebratenen Äpfel erhielten, die nur zu haben waren, gab sie ihnen bloß Sand in einer Teetasse und sagte, sie könnten tun, als ob dies etwas wäre.

Die Woche darauf brachte sie die kleine Schwester Elisa auf das Land zu einem Bauernpaare, und lange währte es nicht, da log sie dem König so viel von den armen Prinzen vor, dass er sich gar nicht mehr um sie kümmerte.

„Fliegt hinaus in die Welt und ernährt euch selbst", sagte die böse Königin. „Fliegt wie die großen Vögel ohne Stimme!" Aber sie konnte es doch nicht so schlimm machen, wie sie gern wollte: Sie wurden elf herrliche wilde Schwäne. Mit einem sonderbaren Schrei flogen sie aus den Schlossfenstern, weit über den Park in den Wald hinein.

Es war noch früh am Morgen, als sie da vorbeikamen, wo die Schwester Elisa in der Stube des Landmannes lag und schlief. Hier schwebten sie über dem Dache, drehten ihre langen Hälse und schlugen dann mit den Flügeln; aber niemand hörte oder sah es. Sie mussten wieder weiter, hoch gegen die Wolken empor, hinaus in die weite Welt; da flogen sie nach einem großen dunklen Walde, der sich bis an den Strand erstreckte.

Die arme, kleine Elisa stand in der Stube des Landmannes und spielte mit einem grünen Blatte; anderes Spielzeug hatte sie nicht. Sie stach ein Loch in das Blatt, sah hindurch und gegen die Sonne empor, da war es, als sähe sie ihrer Brüder klare Augen; jedes Mal, wenn die warmen Sonnenstrahlen auf ihre Wangen schienen, gedachte sie aller ihrer Küsse.

Ein Tag verging eben so wie der andere. Strich der Wind durch die großen Rosenhecken draußen vor dem Hause, so flüsterte er den Rosen zu: „Wer kann schöner sein als ihr?" Aber die Rosen schüttelten das Haupt und sagten: „Elisa ist es!" Und saß die alte Frau am Sonntage vor der Tür und las in ihrem Gesangbuche, so wendete der Wind die Blätter um und sagte zu dem Buche: „Wer kann frömmer sein als du?" – „Elisa ist es!" sagte das Gesangbuch. Und es war die reine Wahrheit, was die Rosen und das Gesangbuch sagten.

Als sie fünfzehn Jahre alt war, sollte sie nach Hause; und als die Königin sah, wie schön sie war, wurde sie ihr gram. Gern hätte sie sie in einen wilden Schwan verwandelt wie die Brüder; aber das wagte sie nicht gleich, weil ja der König seine Tochter sehen wollte.

Frühmorgens ging die Königin in das Bad, welches von Marmor erbaut und mit weichen Kissen und den prächtigsten Decken geschmückt war; sie nahm drei Kröten, küsste sie und sagte zu der einen: „Setze dich auf Elisas Kopf, wenn sie in das Bad kommt, damit sie dumm wird wie du!" „Setze dich auf ihre Stirn", sagte sie zur andern, „damit sie hässlich wird wie du, so dass ihr Vater sie nicht erkennt!" „Ruhe an ihrem Herzen!", flüsterte sie der dritten zu; „lass sie einen bösen Sinn erhalten, damit sie Schmerzen davon hat!" Dann setzte sie die Kröten in das klare Wasser, welches sogleich eine grüne Farbe erhielt, rief Elisa, zog sie aus und ließ sie in das Wasser hinabsteigen. Und indem Elisa untertauchte, setzte die eine Kröte sich ihr in das Haar, die andere auf ihre Stirn und die dritte auf die Brust. Aber sie schien es nicht zu merken! Sobald sie sich emporrichtete, schwammen drei rote Mohnblumen auf dem Wasser. Wären die Tiere nicht giftig und von der Hexe geküsst gewesen, so wären sie in rote Rosen verwandelt worden. Aber Blumen wurden sie doch, weil sie auf ihrem Haupte, ihrer Stirn und an ihrem Herzen geruht hatten. Sie war zu fromm und unschuldig, als dass Zauberei Macht über sie haben konnte!

Als die böse Königin das sah, rieb sie Elisa mit Walnusssaft ein, so dass sie schwarzbraun wurde, bestrich ihr das hübsche Antlitz mit einer stinkenden Salbe und ließ das herrliche Haar sich verwirren. Es war unmöglich, die schöne Elisa wiederzuerkennen.

Als der Vater sie sah, erschrak er sehr und sagte, es sei nicht seine Tochter. Niemand außer dem Kettenhunde und den Schwalben wollte sie erkennen; aber das waren arme Tiere, die nichts zu sagen hatten.

Da weinte die arme Elisa und dachte an ihre elf Brüder, die alle fort waren. Betrübt stahl sie sich aus dem Schlosse und ging den ganzen Tag über Feld und Moor bis in den großen Wald hinein. Sie wusste gar nicht, wohin sie wollte, aber sie fühlte sich unendlich betrübt und sehnte sich nach ihren Brüdern, die waren sicher auch, gleich ihr, in die Welt hinausgejagt; die wollte sie suchen und finden.

Nur kurze Zeit war sie im Wald gewesen, da brach die Nacht an; sie kam ganz von Weg und Steg ab; darum legte sie sich auf das weiche Moos nieder, betete ihr Abendgebet und lehnte ihr Haupt an einen Baumstumpf. Es herrschte tiefe Stille, die Luft war mild und ringsumher im Grase und im Moose leuchteten, einem grünen Feuer gleich, Hunderte von Johanniswürmchen; als sie einen der Zweige leise mit der Hand berührte, fielen die leuchtenden Tierchen wie Sternschnuppen zu ihr nieder.

Die ganze Nacht träumte sie von ihren Brüdern: Sie spielten wieder als Kinder, schrieben mit den Diamantgriffeln auf die Goldtafeln und betrachteten das herrliche Bilderbuch, welches das halbe Königreich gekostet hatte. Aber auf die Tafel schrieben sie nicht, wie früher, Nullen und Striche, sondern die mutigen Taten, die sie vollführt, alles, was sie erlebt und gesehen hatten; und im Bilderbuche war alles lebendig; die Vögel sangen und die Menschen gingen aus dem Buche heraus und sprachen mit Elisa und ihren Brüdern. Aber wenn diese das Blatt umwendeten, sprangen sie gleich wieder hinein, damit keine Unordnung hineinkomme.

Als sie erwachte, stand die Sonne schon hoch. Sie konnte diese freilich nicht sehen, denn die hohen Bäume breiteten ihre Zweige dicht und fest über sie aus. Aber die Strahlen spielten dort oben wie ein webender Goldflor, da war ein Duft von dem Grünen und die Vögel setzten sich fast auf ihre Schultern. Sie hörte Wasser plätschern: Das waren viele große Quellen, die alle in einen See flossen, in dem der herrlichste

Sandboden war. Freilich wuchsen dort dichte Büsche ringsumher, aber an einer Stelle hatten die Hirsche eine große Öffnung gemacht, und hier ging Elisa zum Wasser hin. Dies war so klar, dass man, wenn der Wind nicht die Zweige und Büsche berührte, so dass sie sich bewegten, hätte glauben müssen, sie wären auf dem Wassergrunde abgemalt gewesen, so deutlich spiegelte sich dort jedes Blatt, sowohl das, welches von der Sonne beschienen, als das, welches im Schatten war.

Sobald Elisa ihr eigenes Gesicht erblickte, erschrak sie, so braun und hässlich war es; doch als sie ihre kleine Hand benetzte und Augen und Stirne rieb, glänzte die weiße Haut wieder hervor. Da entkleidete sie sich und ging in das frische Wasser hinein: Ein schöneres Königskind, als sie war, wurde in dieser Welt nicht gefunden!

Als sie sich wieder angekleidet und ihr langes Haar geflochten hatte, ging sie zur sprudelnden Quelle, trank aus der hohlen Hand und wanderte tief in den Wald hinein, ohne selbst zu wissen wohin. Sie dachte an ihre Brüder, dachte an den lieben Gott, der sie sicher nicht verlassen würde. Gott ließ die wilden Waldäpfel wachsen, um den Hungrigen zu sättigen: Er zeigte ihr einen solchen Baum; die Zweige bogen sich unter der Last der Früchte. Hier hielt sie ihre Mittagsmahlzeit, setzte Stützen unter die Zweige und ging dann in den dunkelsten Teil des Waldes hinein. Da war es so still, dass sie ihre eigenen Fußtritte hörte sowie das Rascheln jedes dürren Blattes, welches sich unter ihrem Fuße bog. Nicht ein Vogel war da zu sehen, nicht ein Sonnenstrahl konnte durch die großen, dunklen Baumzweige dringen; die hohen Stämme standen so nahe beisammen, dass es, wenn sie vor sich hin sah, so schien, als ob ein Balkengitter dicht beim andern sie umschlösse. O, hier war eine Einsamkeit, wie sie solche früher nie gekannt!

Die Nacht wurde sehr dunkel, nicht ein einziger kleiner Johanniswurm leuchtete mehr im Moose. Betrübt legte sie sich nieder, um zu schlafen. Da schien es ihr, als ob die Baumzweige über ihr sich zur Seite bewegten und der liebe Gott mit milden Augen auf sie niederblickte; und kleine Engel sahen über seinem Kopfe und unter seinen Armen hervor.

Als sie am Morgen erwachte, wusste sie nicht, ob sie es geträumt habe oder ob es wirklich so gewesen.

Sie ging einige Schritte vorwärts, da begegnete sie einer alten Frau mit Beeren in ihrem Korbe; die Alte gab ihr einige davon. Elisa fragte, ob sie nicht elf Prinzen durch den Wald habe reiten sehen.

„Nein", sagte die Alte; „aber ich sah gestern elf Schwäne mit Goldkronen auf den Köpfen den Fluss hier nahebei hinschwimmen."

Und sie führte Elisa ein Stück weiter vor zu einem Abhange; am Fuße desselben schlängelte sich ein Flüsschen; die Bäume an seinen Ufern streckten ihre langen, blattreichen Zweige einander entgegen, und wo sie, ihrem natürlichen Wuchse nach, nicht zusammenreichen konnten, da waren die Wurzeln aus der Erde losgerissen und hingen, mit den Zweigen ineinander verschlungen, über das Wasser hinaus.

Elisa sagte der Alten Lebewohl und ging längs dem Flüsschen bis dahin, wo dieses nach dem großen, offenen Strande hinausfloss.

Das ganze herrliche Meer lag vor dem jungen Mädchen, aber nicht ein Segel zeigte sich darauf, nicht ein Boot war da zu sehen. Wie sollte sie nun dort weiter fortkommen? Sie betrachtete die unzähligen kleinen Steine am Ufer; das Wasser hatte sie alle rund geschliffen. Glas, Eisen, Steine, alles, was da zusammengespült lag, hatte seine Form durch das Wasser, welches doch viel weicher als ihre feine Hand, bekommen. „Das rollt unermüdlich fort und so ebnet sich das Harte; ich will ebenso unermüdlich sein. Dank für eure Lehre, ihr klaren rollenden Wogen: Einst, das sagt mir mein Herz, werdet ihr mich zu meinen Brüdern tragen!"

Auf dem angespülten Seegrase lagen elf weiße Schwanenfedern; sie sammelte sie in einen Strauß. Es lagen Wassertropfen darauf: Ob es Tautropfen oder Tränen waren, konnte niemand sehen. Einsam war es dort am Strande, aber sie fühlte es nicht; denn das Meer bot eine ewige Abwechslung dar, ja mehr in nur wenigen Stunden, als die süßen Landseen in einem Jahre aufweisen können. Kam eine große, schwarze Wolke, so war das, als ob der See sagen wollte: „Ich kann auch finster aussehen", und dann blies der Wind und die Wogen kehrten das Weiße nach außen. Schienen aber die Wolken rot und schliefen die Winde, so war das Meer einem Rosenblatte gleich: Bald wurde es grün, bald

weiß. Aber wie still es auch ruhte, am Ufer war doch eine leise Bewegung: Das Wasser hob sich schwach, wie die Brust eines schlafenden Kindes.

Als die Sonne untergehen wollte, sah Elisa elf wilde Schwäne mit Goldkronen auf den Köpfen dem Lande zufliegen; sie schwebten einer hinter dem andern; es sah aus wie ein langes weißes Band. Da stieg Elisa den Abhang hinauf und verbarg sich hinter einem Busche; die Schwäne ließen sich nahe bei ihr nieder und schlugen mit ihren großen weißen Schwingen.

Sowie die Sonne hinter dem Wasser war, fielen plötzlich die Schwanengefieder und elf schöne Prinzen, Elisas Brüder, standen da. Sie stieß einen lauten Schrei aus; ungeachtet sie sich sehr verändert hatten, wusste sie doch, dass sie es waren, fühlte sie, dass sie es sein müssten. Und sie sprang in ihre Arme und nannte sie bei Namen; und die Prinzen

fühlten sich hoch beglückt, als sie ihre kleine Schwester sahen, und erkannten auch sie, die nun groß und schön war. Sie lachten und weinten und bald hatten sie einander verstanden, wie böse ihre Stiefmutter gegen sie alle gewesen war.

„Wir Brüder", sagte der Älteste, „fliegen als wilde Schwäne, solange die Sonne am Himmel steht; sobald sie untergegangen ist, erhalten wir unsere menschliche Gestalt wieder. Deshalb müssen wir immer aufpassen, beim Sonnenuntergang eine Ruhestätte für die Füße zu haben; denn fliegen wir um diese Zeit gegen die Wolken empor, so müssen wir als Menschen in die Tiefe hinunterstürzen. Hier wohnen wir nicht; es liegt ein ebenso schönes Land wie dieses jenseits der See. Aber der Weg dahin ist weit: Wir müssen über das große Meer und es findet sich keine Insel auf unserm Wege, wo wir übernachten

könnten; nur eine kleine Klippe ragt in der Mitte desselben hervor; sie ist nur so groß, dass wir, dicht nebeneinander gelagert, darauf ruhen können. Ist die See stark bewegt, so spritzt das Wasser hoch über uns hinweg; aber doch danken wir Gott für sie. Dort übernachten wir in unserer Menschengestalt; ohne diese könnten wir nie unser liebes Vaterland besuchen, denn zwei der längsten Tage des Jahres brauchen wir zu unserm Fluge. Nur einmal im Jahre ist es uns vergönnt, unsere Heimat zu besuchen; elf Tage dürfen wir hier bleiben und über den großen Wald hinfliegen, von wo wir das Schloss, in dem wir geboren wurden und wo unser Vater wohnt, erblicken und den hohen Kirchturm sehen können, wo die Mutter begraben ist. Hier kommt es uns vor, als wären Bäume und Büsche mit uns verwandt; hier laufen die wilden Pferde über die Wiesen hin,

wie wir es in unserer Kindheit gesehen; hier singt der Kohlenbrenner die alten Lieder, nach denen wir als Kinder tanzten; hier ist unser Vaterland; hierher fühlen wir uns gezogen und hier haben wir dich, du liebe kleine Schwester, gefunden! Zwei Tage können wir noch hierbleiben, dann müssen wir fort über das Meer, nach einem herrlichen Lande, welches aber nicht unser Vaterland ist. Wie bringen wir dich fort? Wir haben weder Schiff noch Boot!"

„Auf welche Art kann ich euch erlösen?", fragte die Schwester. Und sie unterhielten sich fast die ganze Nacht: Es wurde nur einige Stunden geschlummert.

Elisa erwachte von dem Schlag der Schwanenflügel, welche über ihr brausten: Die Brüder waren wieder verwandelt und flogen in großen Kreisen und zuletzt weit weg; aber der Eine von ihnen, der Jüngste, blieb zurück; und der Schwan legte den Kopf in ihren Schoß und sie streichelte seine Flügel; den ganzen Tag waren sie beisammen. Gegen Abend kamen die Andern zurück, und als die Sonne untergegangen war, standen sie in natürlicher Gestalt da.

„Morgen fliegen wir von hier weg und können vor Ablauf eines ganzen Jahres nicht zurückkehren. Aber dich können wir nicht so verlassen! Hast du Mut mitzukommen? Mein Arm ist stark genug, dich durch den Wald zu tragen: Sollten wir da nicht alle so starke Flügel haben, um mit dir über das Meer zu fliegen?"

„Ja, nehmt mich mit!", sagte Elisa.

Die ganze Nacht brachten sie damit zu, aus der geschmeidigen Weidenrinde und dem zähen Schilf ein Netz zu flechten, und das wurde groß und fest. Auf dieses Netz legte sich Elisa, und als die Sonne hervortrat und die Brüder in wilde Schwäne verwandelt wurden, ergriffen sie das Netz mit ihren Schnäbeln und flogen mit ihrer lieben Schwester, die noch schlief, hoch gegen die Wolken empor. Die Sonnenstrahlen fielen

ihr gerade auf das Antlitz, deshalb flog einer der Schwäne über ihrem Kopfe, damit seine breiten Schwingen sie beschatten konnten.

Sie waren weit vom Lande entfernt, als Elisa erwachte; sie glaubte noch zu träumen, so sonderbar kam es ihr vor, hoch durch die Luft, über das Meer getragen zu werden. An ihrer Seite lag ein Zweig mit herrlichen reifen Beeren und ein Bündel wohlschmeckender Wurzeln; die hatte der jüngste der Brüder gesammelt und ihr hingelegt. Sie lächelte ihn dankbar an, denn sie erkannte ihn; er war es, der über ihr flog und sie mit seinen Schwingen beschattete.

Sie waren so hoch, dass das größte Schiff, welches sie unter sich erblickten, eine weiße Möwe zu sein schien, die auf dem Wasser lag. Eine große Wolke stand hinter ihnen: Das war ein Berg. Und auf diesem sah Elisa ihren eigenen Schatten und den der elf Schwäne, so riesengroß flogen sie da. Das war ein Gemälde, prächtiger, als sie früher je eins gesehen. Doch als die Sonne höher stieg und die Wolke weiter zurückblieb, verschwand das schwebende Schattenbild.

Den ganzen Tag flogen sie fort, gleich einem sausenden Pfeile durch die Luft; aber es ging doch langsamer als sonst, denn jetzt hatten sie die Schwester zu tragen. Es zog ein böses Wetter auf; der Abend brach herein; ängstlich sah Elisa die Sonne sinken, und noch war die einsame Klippe im Meer nicht zu erblicken. Es kam ihr vor, als machten die Schwäne stärkere Schläge mit den Flügeln. Ach! sie war Schuld daran, dass sie nicht rasch genug fortkamen. Wenn die Sonne untergegangen war, so mussten sie Menschen werden, in das Meer stürzen und ertrinken. Da betete sie aus dem Innersten des Herzens ein Gebet zum lieben Gott; aber noch erblickte sie keine Klippe. Die schwarze Wolke kam näher; die Wolken standen in einer einzigen, großen, drohenden Welle da, welche fast wie Blei vorwärts schoss; Blitz leuchtete auf Blitz.

Jetzt war die Sonne gerade am Rande des Meeres. Elisas Herz bebte; da schossen die Schwäne hinab, so schnell, dass sie zu fallen glaubte. Aber nun schwebten sie wieder. Die Sonne war halb unter dem Wasser: Da erblickte sie erst die kleine Klippe unter sich. Sie sah nicht größer aus, als ob es ein Seehund wäre, der den Kopf aus dem Wasser hob. Die Sonne sank sehr schnell; jetzt erschien sie nur noch wie ein Stern: Da berührte ihr Fuß den festen Grund. Die Sonne erlosch gleich dem letzten Funken im brennenden Papier: Da sah sie Arm in Arm die Brüder um sich stehen; aber mehr Platz als gerade für diese und sie war auch nicht da. Die See schlug gegen die Klippe und ging wie Staubregen über sie hin; der Himmel leuchtete in einem fortwährenden Feuer und Schlag auf Schlag rollte der Donner; aber Schwester und Brüder fassten sich an den Händen und sangen Psalmen, aus denen sie Trost und Mut schöpften.

In der Morgendämmerung war die Luft rein und still; sobald die Sonne emporstieg, flogen die Schwäne mit Elisa von der Insel fort. Das Meer ging noch hoch; es sah aus, wie sie hoch in der Luft waren, als ob der weiße Schaum auf der schwarzgrünen See Millionen Schwäne wären, die auf dem Wasser schwämmen.

Als die Sonne höher stieg, sah Elisa vor sich, halb in der Luft schwimmend, ein Bergland mit glänzenden Eismassen auf den Felsen; und mitten darauf erhob sich ein wohl meilenlanges Schloss, mit einem kühnen Säulengange über dem andern; unten wogten Palmenwälder und Prachtblumen. Sie fragte, ob dies das Land sei, wo sie hinwollten; aber die Schwäne schüttelten mit dem Kopfe, denn das, was sie sah, war der Fata Morgana herrliches, allzeit wechselndes Wolkenschloss: In dieses durften sie keinen Menschen hineinbringen. Elisa starrte es an, da stürzten Berge, Wälder und Schloss zusammen, und zwanzig stolze Kirchen, alle einander gleich, mit hohen Türmen und spitzen Fenstern standen vor ihnen. Sie glaubte die Orgel ertönen zu hören, aber es war das Meer, welches sie hörte. Nun war sie den Kirchen ganz nahe, da wurden diese zu einer ganzen Flotte, die unter ihr dahinsegelte; doch als sie hinunter blickte, waren es nur Meernebel, die über dem Wasser hinglitten. So hatte sie eine ewige Abwechslung vor Augen, bis sie endlich das wirkliche Land sah, nach dem sie hinwollten; dort erhoben sich die herrlichsten blauen Berge mit Zedernwäldern, Städten und Schlössern. Lange bevor die Sonne unterging, saß sie auf dem Felsen vor einer großen Höhle, die mit feinen grünen Schlingpflanzen bewachsen war; es sah aus, als wären es gestickte Teppiche.

„Nun wollen wir sehen, was du diese Nacht hier träumst", sagte der jüngste Bruder und zeigte ihr ihre Schlafkammer.

„Gebe der Himmel, dass ich träumen möge, wie ich euch erlösen kann!", sagte sie. Und dieser Gedanke beschäftigte sie lebhaft; sie betete inbrünstig zu Gott um seine Hilfe; ja, selbst im Schlafe fuhr sie fort zu beten. Da kam es ihr vor, als ob sie hoch in die Luft fliege, zu der Fata Morgana Wolkenschloss; und die Fee kam ihr entgegen, schön und glänzend; und doch glich sie ganz der alten Frau, die ihr Beeren im Walde gegeben und ihr von den Schwänen mit Goldkronen auf dem Kopfe erzählt hatte.

„Deine Brüder können erlöst werden", sagte sie; „aber hast du Mut und Ausdauer? Wohl ist das Wasser weicher als deine feinen Hände, und doch formt es die Steine um; aber es fühlt nicht die Schmerzen, die deine Finger fühlen werden; es hat kein Herz, leidet nicht die Angst und Qual, die du aushalten musst. Siehst du die Brennnessel, die ich in meiner Hand halte? Von derselben Art wachsen viele rings um die Höhle, wo du schläfst; nur die dort und die, welche auf des Kirchhofs Gräbern wachsen, sind tauglich: Merke dir das! Die musst du pflücken, obgleich sie deine Hand voll Blasen brennen werden. Brich diese Nesseln mit deinen Füßen, so erhältst du Flachs; aus diesem musst du elf Panzerhemden mit langen Ärmeln flechten und binden; wirf diese über die elf Schwäne, so ist der Zauber gelöst. Aber bedenke wohl, dass du von dem Augenblicke, wo du diese Arbeit beginnst, bis dahin, wo sie vollendet ist, wenn auch Jahre darüber vergehen, nicht sprechen darfst; das erste Wort, welches du sprichst, geht als tötender Dolch in deiner Brüder Herzen! An deiner Zunge hängt ihr Leben. Merke dir das alles!"

Und sie berührte gleichzeitig ihre Hand mit der Nessel; es war einem brennenden Feuer gleich; Elisa erwachte dadurch. Es war heller Tag und dicht daneben, wo sie geschlafen, lag eine Nessel wie die, welche sie im Traume gesehen. Da fiel sie auf ihre Knie, dankte dem lieben Gott und ging aus der Höhle hinaus, um ihre Arbeit zu beginnen.

Mit den feinen Händen griff sie hinein in die hässlichen Nesseln; diese waren wie Feuer; sie brannten große Blasen in ihre Hände und Arme; aber gern wollte sie es leiden, konnte sie nur die lieben Brüder erlösen. Sie brach jede Nessel mit ihren bloßen Füßen und flocht den grünen Flachs.

Als die Sonne untergegangen war, kamen die Brüder und erschraken, sie so stumm zu finden: Sie glaubten, es wäre ein neuer Zauber der bösen Stiefmutter. Aber als sie ihre Hände erblickten, begriffen sie, was sie ihrethalben tue. Der jüngste Bruder weinte; und wohin seine Tränen fielen, da fühlte sie keine Schmerzen, da verschwanden die brennenden Blasen.

Die Nacht brachte sie bei ihrer Arbeit zu, denn sie hatte keine Ruhe, bevor sie die lieben Brüder erlöst hätte. Den folgenden Tag, während die Schwäne fort waren, saß sie in ihrer Einsamkeit; aber noch nie war die Zeit ihr so schnell entflohen als jetzt. Ein Panzerhemd war schon fertig, nun fing sie das zweite an.

Da ertönte ein Jagdhorn zwischen den Bergen; sie wurde von Furcht ergriffen. Der Ton kam immer näher; sie hörte Hunde bellen; erschrocken floh sie in die Höhle, band die Nesseln, die sie gesammelt und gehechelt hatte, in ein Bund zusammen und setzte sich darauf.

Sogleich kam ein großer Hund aus der Schlucht hervorgesprungen, und gleich darauf wieder einer und noch einer; sie bellten laut, liefen zurück und kamen abermals wieder. Es währte nur wenige Minuten, so standen alle Jäger vor der Höhle und der schönste unter ihnen war der König des Landes. Er trat auf Elisa zu: Nie hatte er ein schöneres Mädchen gesehen.

„Wie bist du hierher gekommen, du herrliches Kind?", fragte er. Elisa schüttelte den Kopf: Sie durfte ja nicht sprechen; es galt ihrer Brüder Erlösung und Leben. Und sie verbarg ihre Hände unter der Schürze, damit der König nicht sehen möge, was sie leiden müsse.

„Komm mit mir!", sagte er; „hier darfst du nicht bleiben. Bist du so gut, wie du schön bist, so will ich dich in Seide und Samt kleiden, die Goldkrone auf das Haupt setzen und du sollst in meinem reichsten Schlosse wohnen und herrschen!" – Dann hob er sie auf sein Pferd. Sie weinte und rang die Hände, aber der König sagte: „Ich will nur dein Glück! Einst wirst du mir dafür danken." Mit diesen Worten jagte er fort durch die Berge und setzte sie vor sich auf das Pferd, und die Jäger jagten hinterher.

Als die Sonne unterging, lag die schöne Königsstadt mit Kirchen und Kuppeln vor ihnen. Und der König führte sie in das Schloss, wo große Springbrunnen in den Marmorsälen plätscherten, wo Wände und Decken mit Gemälden prangten. Aber sie hatte keine Augen dafür, sie weinte und trauerte. Willig ließ sie sich von den Frauen königliche Kleider anlegen, Perlen in ihre Haare flechten und feine Handschuhe über die verbrannten Finger ziehen.

Als sie in ihrer Pracht dastand, war sie blendend schön, so dass der Hof sich tief verneigte. Und der König erkor sie zu seiner Braut, obgleich der Erzbischof mit dem Kopfe schüttelte und flüsterte, dass das schöne Waldmädchen sicher eine Hexe sei: Sie blende die Augen und betöre das Herz des Königs.

Aber der König hörte nicht darauf, ließ die Musik ertönen, die köstlichsten Gerichte auftragen und die lieblichsten Mädchen um sie herum tanzen. Und sie wurde durch duftende Gärten in prächtige Säle geführt, aber nicht ein Lächeln kam auf ihre Lippen oder aus ihren Augen: Ein Bild der Trauer stand sie da. Dann öffnete der König eine kleine Kammer dicht daneben, wo sie schlafen sollte; die war mit köstlichen grünen Teppichen geschmückt und glich der Höhle, in der sie gewesen war; auf dem Fußboden lag das Bund Flachs, welches sie aus den Nesseln gesponnen hatte, und unter der Decke hing das Panzerhemd, welches fertig gestrickt war. Alles dieses hatte einer der Jäger als Kuriosität mitgenommen.

„Hier kannst du dich in deine frühere Heimat zurückträumen!", sagte der König. „Hier ist die Arbeit, die dich dort beschäftigte; jetzt, mitten in all' deiner Pracht, wird es dich belustigen, an jene Zeit zurückzudenken."

Als Elisa dies sah, was ihrem Herzen so nahe lag, spielte ein Lächeln um ihren Mund und das Blut kehrte in die Wangen zurück. Sie dachte an die Erlösung ihrer Brüder, küsste des Königs Hand und er drückte sie an sein Herz und ließ durch alle Kirchenglocken das Hochzeitsfest verkünden. Das schöne, stumme Mädchen aus dem Walde ward des Landes Königin.

Da flüsterte der Erzbischof böse Worte in des Königs Ohren, aber sie drangen nicht bis zu seinem Herzen. Die Hochzeit sollte stattfinden; der Erzbischof selbst musste ihr die Krone auf das Haupt setzen, und er drückte mit bösem Sinn den engen Reif fest auf ihre Stirne nieder, so dass es schmerzte. Doch ein schwererer Reif lag um ihr Herz: die Trauer um ihre Brüder. Sie fühlte nicht die körperlichen Leiden. Ihr Mund war stumm; ein einziges Wort würde ja ihren Brüdern das Leben kosten; aber in ihren Augen sprach sich innige Liebe zu dem guten, schönen Könige aus, der alles tat, um sie zu erfreuen. Von ganzem Herzen gewann sie ihn von Tage zu Tage lieber; o, dass sie sich ihm nur anvertrauen und ihre Leiden klagen dürfte! Doch stumm musste sie sein, stumm musste sie ihr Werk vollbringen. Deshalb schlich sie sich des Nachts von seiner Seite, ging in die kleine Kammer, welche wie die Höhle geschmückt war, und strickte ein Panzerhemde nach dem andern fertig. Aber als sie das siebente begann, hatte sie keinen Flachs mehr.

Auf dem Kirchhofe, das wusste sie, wuchsen die Nesseln, die sie gebrauchen konnte; aber die musste sie selbst pflücken; wie sollte sie da hinausgelangen? –

„O, was ist der Schmerz in meinen Fingern gegen die Qual, die mein Herz erduldet!", dachte sie. „Ich muss es wagen! Der Herr wird seine Hand nicht von mir abziehen!" Mit einer Herzensangst, als sei es eine böse Tat, die sie vorhabe, schlich sie sich in der mondhellen Nacht in den Garten hinunter und ging durch die Alleen und durch die einsamen Straßen nach dem Kirchhofe hinaus. Da sah sie auf einem der breitesten Leichensteine einen Kreis Lamien sitzen. Diese hässlichen Hexen zogen ihre Lumpen aus, als ob sie sich baden wollten, und dann gruben sie mit den langen, magern Fingern die frischen Gräber auf und holten mit teuflischer Gier die Leichen heraus und aßen deren Fleisch. Elisa musste an ihnen nahe vorbei und sie hefteten ihre bösen Blicke auf sie; aber sie betete still, sammelte die brennenden Nesseln und trug sie nach dem Schlosse heim.

Nur ein einziger Mensch hatte sie gesehen: der Erzbischof; er war munter, wenn die andern schliefen. Nun hatte er doch recht mit seiner Meinung, dass es mit der Königin nicht sei, wie es sein solle; sie sei eine Hexe, deshalb habe sie den König und das Volk betört.

Im Beichtstuhle sagte er dem Könige, was er gesehen hatte und was er befürchte. Und als die harten Worte seiner Zunge entströmten, schüttelten die Heiligenbilder die Köpfe, als wenn sie sagen wollten: „Es ist nicht so! Elisa ist unschuldig!" Aber der Erzbischof legte es anders aus; er meinte, dass sie gegen sie zeugten, dass sie über ihre Sünde die Köpfe schüttelten. Da rollten zwei schwere Tränen über des Königs Wangen herab; er ging nach Hause mit Zweifel in seinem Herzen und stellte sich, als ob er in der Nacht schlafe. Aber es kam kein ruhiger Schlaf in seine Augen, er merkte, wie Elisa aufstand. Jede Nacht wiederholte sie dieses und jedes Mal folgte er ihr leise nach und sah, wie sie in ihre Kammer verschwand.

Von Tag zu Tag wurden seine Mienen finsterer; Elisa sah es, begriff aber nicht, weshalb; allein es ängstigte sie, und was litt sie nicht im Herzen für die Brüder! Auf den königlichen Samt und Purpur flossen ihre heißen Tränen; die lagen da wie schimmernde Diamanten, und alle, welche die reiche Pracht sahen, wünschten Königin zu sein. Inzwischen war sie bald mit ihrer Arbeit fertig; nur ein Panzerhemde fehlte noch; aber Flachs hatte sie auch nicht mehr und nicht eine einzige Nessel. Einmal, nur dieses letzte Mal, musste sie deshalb nach dem Kirchhofe, um einige Hände voll zu pflücken. Sie dachte mit Angst an diese einsame Wanderung und an die schrecklichen Lamien; aber ihr Wille stand fest sowie ihr Vertrauen auf den Herrn.

Elisa ging; aber der König und der Erzbischof folgten ihr. Sie sahen sie bei der Gitterpforte zum Kirchhofe hinein verschwinden, und als sie sich derselben näherten, saßen die Lamien auf dem Grabsteine, wie Elisa sie gesehen hatte; und der König wendete sich ab, denn unter ihnen dachte er sich die, deren Haupt noch diesen Abend an seiner Brust geruht hatte.

„Das Volk muss sie verurteilen!" sagte er. Und das Volk verurteilte sie, den Feuertod zu erleiden.

Aus den prächtigen Königssälen wurde sie in ein dunkles, feuchtes Loch geführt, wo der Wind durch das Gitter hineinpfiff; statt Samt und Seide gab man ihr das Bund Nesseln, welches sie gesammelt hatte, darauf konnte sie ihr Haupt legen; die harten, brennenden Panzerhemden, die sie gestrickt hatte, sollten ihre Decken sein. Aber nichts Lieberes hätte man ihr geben können; sie nahm wieder ihre Arbeit vor und betete zu Gott. Draußen sangen die Straßenbuben Spottlieder auf sie; keine Seele tröstete sie mit einem freundlichen Worte.

Da schwirrten gegen Abend dicht am Gitter Schwanenflügel: Das war der jüngste der Brüder. Er hatte die Schwester gefunden; und sie schluchzte laut vor Freude, obgleich sie wusste, dass die kommende Nacht wahrscheinlich die letzte sein würde, die sie zu leben habe. Aber nun war ja auch die Arbeit fast beendigt und ihre Brüder waren hier.

Der Erzbischof kam nun, um in der letzten Stunde bei ihr zu sein: Das hatte er dem Könige versprochen. Aber sie schüttelte das Haupt und bat mit Blicken und Mienen, er möge gehen. In dieser Nacht musste sie ja ihre Arbeit vollenden, sonst war alles unnütz, alles: Schmerz, Tränen und die schlaflosen Nächte. Der Erzbischof entfernte sich mit bösen Worten gegen sie, aber die arme Elisa wusste, dass sie unschuldig sei, und fuhr in ihrer Arbeit fort.

Die kleinen Mäuse liefen auf dem Fußboden; sie schleppten Nesseln zu ihren Füßen hin, um doch etwas zu helfen, und die

Drossel setzte sich an das Gitter des Fensters und sang die ganze Nacht so munter wie sie konnte, damit Elisa nicht den Mut verlieren möchte.

Es dämmerte noch; erst nach einer Stunde ging die Sonne auf, da standen die elf Brüder an der Pforte des Schlosses und verlangten vor den König geführt zu werden. Das könne nicht geschehen, wurde geantwortet; es wäre ja noch Nacht, der König schlafe und dürfe nicht geweckt werden. Sie baten, sie drohten, die Wache kam, ja selbst der König trat heraus und fragte: was das bedeute? Da ging die Sonne auf und nun waren keine Brüder zu sehen; aber über das Schloss flogen elf wilde Schwäne dahin.

Aus dem Stadttore strömte das ganze Volk: es wollte die Hexe verbrennen sehen. Ein alter Gaul zog den Karren, auf dem sie saß; man hatte ihr einen Kittel von grobem Sackleinen angezogen; ihr herrliches Haar hing aufgelöst um das schöne Haupt; ihre Wangen waren totenbleich, ihre Lippen bewegten sich leise, während die Finger den grünen Flachs zurichteten. Selbst auf dem Wege zu ihrem Tode unterbrach sie die angefangene Arbeit nicht; die zehn Panzerhemden lagen zu ihren Füßen, an dem elften arbeitete sie. Der Pöbel verhöhnte sie.

„Sieh die rote Hexe, wie sie murmelt! Kein Gesangbuch hat sie in der Hand; nein, mit ihrer hässlichen Gaukelei sitzt sie da; reißt sie ihr in tausend Stücke!"

Und sie drangen alle auf sie ein und wollten die Panzerhemden zerreißen: Da kamen elf wilde Schwäne geflogen, die setzten sich rings um sie auf den Karren und schlugen mit ihren großen Schwingen. Nun wich der Haufen erschrocken zur Seite.

„Das ist ein Zeichen des Himmels! Sie ist sicher unschuldig!", flüsterten Viele. Aber sie wagten nicht, es laut zu sagen.

Jetzt ergriff der Henker sie bei der Hand; da warf sie hastig die elf Panzerhemden über die Schwäne. Und sogleich standen elf

schöne Prinzen da. Aber der Jüngste hatte einen Schwanenflügel statt des einen Armes, denn es fehlte ein Ärmel in seinem Panzerhemde: Den hatte sie nicht fertig gebracht.

„Nun darf ich sprechen!", sagte sie. „Ich bin unschuldig!"

Und das Volk, welches sah, was geschehen war, neigte sich vor ihr wie vor einer Heiligen; aber sie sank leblos in der Brüder Arme: So hatten Spannung, Angst und Schmerz auf sie gewirkt.

„Ja, unschuldig ist sie", sagte der älteste Bruder, und nun erzählte er alles, was geschehen war. Und während er sprach, verbreitete sich ein Duft wie von Millionen Rosen, denn jedes Stück Brennholz im Scheiterhaufen hatte Wurzel geschlagen und trieb Zweige; es stand eine duftende Hecke da, hoch und groß, mit roten Rosen; oben saß eine Blume, weiß und glänzend und leuchtend wie ein Stern. Die pflückte der König und steckte sie an Elisas Busen: Da erwachte sie mit Frieden und Glückseligkeit im Herzen.

Und alle Kirchenglocken läuteten von selbst und die Vögel kamen in großen Zügen. Es wurde ein Hochzeitszug zurück zum Schlosse, wie ihn noch kein König gesehen hatte!

Des Kaisers neue Kleider

Vor vielen Jahren lebte ein Kaiser, der so ungeheuer viel auf neue Kleider hielt, dass er all sein Geld dafür ausgab, um recht geputzt zu sein. Er kümmerte sich nicht um seine Soldaten, kümmerte sich nicht um das Theater und liebte es nicht, in den Wald zu fahren, außer um seine neuen Kleider zu zeigen. Er hatte einen Rock für jede Stunde des Tages, und ebenso wie man sonst von einem König sagt, er ist im Rat, so sagte man hier immer: „Der Kaiser ist in der Kleiderkammer!"

In der großen Stadt, in der er wohnte, ging es sehr munter zu. Jeden Tag kamen viele Fremde, und eines Tages kamen auch zwei Betrüger, die gaben sich für Weber aus und sagten, dass sie das schönste Zeug zu weben verstanden, das man sich nur denken könnte. Nicht allein die Farben und das Muster seien ungewöhnlich schön, sondern die Kleider, die aus diesem Stoffe genäht würden, sollten zudem die wunderbare Eigenschaft besitzen, dass sie für jeden Menschen unsichtbar seien, der nicht für sein Amt tauge oder der unverzeihlich dumm sei.

„Das wären ja prächtige Kleider", dachte der Kaiser; „wenn ich solche hätte, könnte ich ja dahinterkommen, welche Männer in meinem Reiche zu dem Amte, das sie haben, nicht taugen; ich könnte die Klugen von den Dummen unterscheiden! Ja, das Zeug muss sogleich für mich gewebt werden!" Er gab den beiden Betrügern viel Handgeld, damit sie ihre Arbeit beginnen mochten.

Sie stellten auch zwei Webstühle auf und taten, als ob sie arbeiteten; aber sie hatten nicht das Geringste auf den Stühlen. Trotzdem verlangten sie die feinste Seide und das prächtigste Gold; das steckten sie aber in ihre eigene Tasche und arbeiteten an den leeren Stühlen bis spät in die Nacht hinein.

„Nun möchte ich doch wissen, wie weit sie mit dem Zeug sind!", dachte der Kaiser, aber es war ihm beklommen zumute bei dem Gedanken, dass keiner, der dumm sei oder schlecht zu seinem Amte tauge, es sehen könne. Er glaubte zwar, dass er für sich selbst nichts zu fürchten brauche, aber er wollte doch erst einen andern senden, um zu sehen, wie es damit stehe. Alle Menschen in der ganzen Stadt wussten, welche besondere Kraft das Zeug habe, und alle waren begierig zu sehen, wie schlecht oder dumm ihr Nachbar sei.

„Ich will meinen alten, ehrlichen Minister zu den Webern senden", dachte sich der Kaiser, „er kann am besten beurteilen, wie der Stoff sich ausnimmt, denn er hat Verstand und keiner versieht sein Amt besser als er!"

Nun ging der gute, alte Minister in den Saal hinein, in dem die zwei Betrüger saßen und an den leeren Webstühlen arbeiteten. „Gott behüte!" dachte der alte Minister und riss die Augen auf. „Ich kann ja nichts erkennen!" Aber das sagte er nicht.

Beide Betrüger baten ihn näher zu treten und fragten, ob es nicht ein hübsches Muster und schöne Farben seien. Dann zeigten sie auf den leeren Webstuhl, und der arme, alte Minister fuhr fort, die Augen aufzureißen; aber er konnte nichts sehen, denn es war nichts da. „Herr Gott", dachte er, „sollte ich dumm sein? Das glaube ich nicht und das darf auch kein anderer Mensch denken! Sollte ich nicht zu meinem Amte taugen? Nein, es geht nicht an, dass ich erzähle, ich könne das Zeug nicht sehen!"

„Nun, sagen Sie nichts dazu?", fragte der eine Weber.

„Oh, es ist niedlich, ganz allerliebst!", antwortete der alte Minister und sah durch seine Brille. „Dieses Muster und diese Farben! – Ja, ich werde dem Kaiser berichten, dass es mir sehr gefällt!"

„Nun, das freut uns!", sagten beide Weber, und darauf nannten sie die Farben mit Namen und erklärten das seltsame Muster. Der alte Minister passte gut auf, damit er dasselbe sagen könne, wenn er zum Kaiser zurückkomme, und das tat er dann auch.

Nun verlangten die Betrüger mehr Geld, mehr Seide und mehr Gold zum Weben. Sie steckten alles in ihre eigenen Taschen; auf den Webstuhl kam kein Faden, aber sie fuhren fort, wie bisher an den leeren Stühlen zu arbeiten.

Der Kaiser sandte bald wieder einen anderen tüchtigen Staatsmann hin, um zu sehen, wie es mit dem Weben stehe und ob das Zeug bald fertig sei; es erging ihm aber gerade wie dem ersten, er schaute und schaute, aber weil außer dem Webstuhl nichts da war, so konnte er nichts erkennen.

„Ist das nicht ein ganz besonders prächtiges Stück Stoff?", fragten die beiden Betrüger und zeigten und erklärten ihm das herrliche Muster, das gar nicht da war.

„Dumm bin ich nicht", dachte der Mann; „tauge ich also nicht zu meinem guten Amt? Das wäre seltsam genug, aber das braucht man sich nicht anmerken lassen!" Und so lobte er das Zeug, das er nicht sah, und versicherte den Webern seine Freude über die schönen Farben und das herrliche Muster. „Ja, es ist ganz allerliebst!", berichtete er dem Kaiser.

Alle Menschen in der Stadt sprachen von dem prächtigen Stoff. Nun wollte der Kaiser diesen selbst sehen, während er noch auf dem Webstuhl war. Mit einer ganzen Schar auserwählter Männer, unter ihnen auch die beiden ehrlichen Staatsmänner, die schon vorher dort gewesen waren, ging er zu den beiden listigen Betrügern hin, die nun aus Leibeskräften webten, aber ohne Faser oder Faden.

„Ja, ist das nicht prächtig?", sagten die beiden ehrlichen Staatsmänner. „Wollen Eure Majestät sehen, welches Muster, welche Farben?", und dann zeigten sie auf den leeren Webstuhl, denn sie glaubten, dass die andern den Stoff bestimmt sehen konnten.

„Wie?!", dachte der Kaiser; „ich sehe gar nichts! Das ist ja furchtbar! Bin ich denn dumm? Tauge ich etwa nicht dazu, Kaiser zu sein? Das wäre das Schrecklichste, was mir begegnen könnte." „Oh, es ist sehr hübsch", sagte er; „es hat meinen allerhöchsten Beifall!", und er nickte zufrieden und betrachtete den leeren Webstuhl; er wollte nicht sagen, dass er nichts sehen konnte. Das ganze Gefolge, das er bei sich hatte, sah und sah, aber es kam nicht mehr dabei heraus als bei allen andern. Aber sie sagten genau wie der Kaiser: „Oh, das ist hübsch!", und sie rieten ihm, diese prächtigen neuen Kleider das erste Mal bei der großen Prozession zu tragen, welche bevorstand.

„Herrlich, niedlich, ausgezeichnet!", ging es von Mund zu Mund, und man schien allerseits innig erfreut darüber. Der Kaiser verlieh jedem der Betrüger ein Ritterkreuz, um

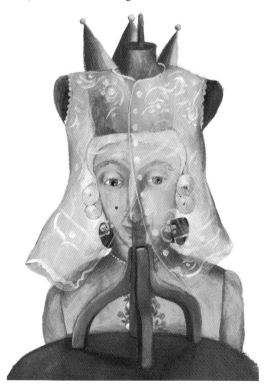

es in das Knopfloch zu hängen, und den Ehrentitel „Kaiserlicher Hofweber".

Die ganze Nacht vor dem Morgen, an dem die Prozession stattfinden sollte, waren die Betrüger auf den Beinen und hatten sechzehn Lichter angezündet, damit man sie auch recht gut bei ihrer Arbeit beobachten konnte. Die Leute konnten sehen, dass sie stark beschäftigt waren, des Kaisers neue Kleider rechtzeitig fertigzustellen. Sie taten, als ob sie den Stoff vom Webstuhl nähmen, schnitten mit großen Scheren in die Luft, nähten mit Nähnadeln ohne Faden und sagten zuletzt: „Seht her, nun sind die Kleider fertig!"

Der Kaiser selbst kam mit seinen vornehmsten Staatsmännern und beide Betrüger hoben einen Arm in die Höhe, gerade, als ob sie etwas hielten, und sagten: „Seht, hier sind die Beinkleider! Hier der Rock! Hier der Mantel!", und so weiter. „Sie sind so leicht wie Spinnweben; man sollte glauben, man habe nichts am Körper, aber das ist gerade das Schöne daran!"

„Ja!", sagten alle Staatsmänner, aber sie konnten nichts sehen, denn es war nichts da.

„Belieben Eure Kaiserliche Majestät Ihre Kleider gnädigst abzulegen", sagten die Betrüger, „so wollen wir Ihnen die neuen hier vor dem großen Spiegel anziehen!"

Der Kaiser legte seine Kleider ab und die Betrüger stellten sich, als ob sie ihm ein jedes Stück der neuen Kleider anzogen. Sie fassten ihn um den Leib und taten, als bänden sie etwas fest – das sollte die Schleppe sein; der Kaiser drehte und wendete sich vor dem Spiegel.

„Ei, wie gut sie kleiden, wie herrlich sie sitzen!", sagten alle. „Welches Muster, welche Farben! Das ist ein kostbarer Anzug!" –

„Draußen steht der Thronhimmel bereit, der bei der Prozession über Eurer Majestät getragen werden soll!", meldete der Oberzeremonienmeister.

„Seht, ich bin fertig!", sagte der Kaiser. „Sitzt es nicht gut?", und dann wandte er

sich nochmals zu dem Spiegel um; denn es sollte scheinen, als ob er seine Kleider recht betrachte.

Die Kammerherren, die die Schleppe zu tragen hatten, griffen mit den Händen nach dem Fußboden, so als ob sie die Schleppe aufhöben; sie gingen und taten, als hielten sie etwas in der Luft; sie wagten es nicht, es sich anmerken zu lassen, dass sie nichts sehen konnten.

So schritt der Kaiser unter dem prächtigen Thronhimmel und alle Menschen auf der Straße und in den Fenstern sprachen: „Wie sind des Kaisers neue Kleider unvergleichlich! Welch prächtige Schleppe er am Kleide hat! Wie schön sie sitzt!" Keiner wollte es sich anmerken lassen, dass er nichts sah; denn dann hätte er ja nicht zu seinem Amte getaugt oder wäre sehr dumm gewesen. Keine Kleider des Kaisers hatten solches Glück gemacht wie diese.

„Aber er hat ja gar nichts an!", sagte endlich ein kleines Kind. „Gott, hört die Stimme der Unschuld!", sagte der Vater; und der eine zischelte dem andern zu, was das Kind gesagt hatte.

„Er hat nichts an, dort ist ein kleines Kind, das sagt, er hat nichts an!"

„Aber er hat ja gar nichts an!", rief zuletzt das ganze Volk. Das ergriff den Kaiser, denn das Volk schien ihm recht zu haben, aber er dachte bei sich: „Nun muss ich die Prozession aushalten." Und so hielt er sich noch stolzer und die Kammerherren gingen und trugen die Schleppe, die gar nicht da war.

Der standhafte Zinnsoldat

Es waren einmal fünfundzwanzig Zinnsoldaten, die waren alle Brüder, denn sie waren aus einem alten zinnernen Löffel gemacht worden. Das Gewehr hielten sie im Arm und das Gesicht geradeaus; rot und blau, herrlich war ihre Uniform. Das erste Wort, das sie in dieser Welt hörten, als der Deckel von der Schachtel genommen wurde, in der sie lagen, war das Wort „Zinnsoldaten!" Das rief ein kleiner Knabe und klatschte dabei in die Hände; er hatte sie bekommen, denn es war sein Geburtstag, und nun stellte er sie auf dem Tisch auf. Der eine Soldat glich dem andern aufs Haar, nur ein einziger war etwas anders; er hatte nur ein Bein, denn er war zuletzt gegossen worden und da war nicht mehr Zinn genug da; doch stand er ebenso fest auf seinem einen Bein wie die andern auf ihren zweien, und gerade dieser war es, dem es merkwürdig erging.

Auf dem Tisch, auf dem sie aufgestellt wurden, stand noch vieles andere Spielzeug; aber am meisten fiel ein niedliches Schloss

aus Papier ins Auge; durch die kleinen Fenster konnte man geradewegs in die Säle hineinsehen. Draußen vor dem Schloss standen kleine Bäume rings um einen kleinen Spiegel, der wie ein kleiner See aussehen sollte. Schwäne aus Wachs schwammen darauf und spiegelten sich. Das war alles niedlich, aber am niedlichsten war ein kleines Mädchen, das mitten in der offenen Schlosstür stand; auch sie war aus Papier geschnitten, aber sie hatte ein schönes Kleid aus feinstem Linon an und ein kleines, schmales blaues Band über den Schultern, und auf diesem saß ein glänzender Stern, so groß wie ihr Gesicht.

Das kleine Mädchen streckte beide Arme aus, denn es war eine Tänzerin, und sie hob das eine Bein so hoch empor, dass der Zinnsoldat es gar nicht sehen konnte und glaubte, dass sie genau wie er nur ein Bein habe.

„Das wäre eine Frau für mich", dachte er, „aber sie ist etwas vornehm, sie wohnt in einem Schloss. Ich habe nur eine Schachtel, und darin sind wir fünfundzwanzig; das ist kein Ort für sie! Aber ich muss versuchen, mich mit ihr bekannt zu machen!" Und dann legte er sich, so lang er war, hinter eine Schnupftabakdose, die auf dem Tische stand. Da konnte er die kleine, feine Dame gut betrachten, die auf einem Bein stehen blieb, ohne umzufallen.

Als es Abend wurde, kamen alle die andern Zinnsoldaten zurück in ihre Schachtel und die Leute im Hause gingen zu Bett. Nun fing das Spielzeug an zu spielen, sowohl „Es kommt Besuch!" als auch „Krieg führen" und „Ball geben"; die Zinnsoldaten rasselten in der Schachtel, denn sie wollten mit dabei sein, aber sie konnten den Deckel nicht heben. Der Nussknacker schlug Purzelbäume und der Griffel vergnügte sich auf der Tafel; es war ein Lärm, dass der Kanarienvogel davon erwachte und anfing mit zu schwatzen, und zwar in Versen. Die beiden einzigen, die sich nicht von der Stelle rührten, waren

der Zinnsoldat und die Tänzerin; sie stand kerzengerade auf Zehenspitzen und mit ausgestreckten Armen; er war ebenso standhaft auf seinem einen Bein und wandte seine Augen nicht für einen Augenblick von ihr ab.

Nun schlug die Uhr zwölf, und klatsch, da sprang der Deckel von der Schnupftabaksdose auf, aber da war kein Tabak darin, nein, sondern ein kleiner, schwarzer Kobold.

Das war ein Kunststück!

„Zinnsoldat", sagte der Kobold, „halte deine Augen im Zaum!" Aber der Zinnsoldat tat, als ob er nichts hörte.

„Na, warte nur bis morgen!", sagte der Kobold.

Als es nun Morgen wurde und die Kinder aufstanden, wurde der Zinnsoldat in das Fenster gestellt, und war es nun der Kobold oder der Zugwind, auf einmal flog das Fenster zu und der Soldat stürzte kopfüber drei Stockwerke in die Tiefe.

Das war ein schrecklicher Sturz. Er streckte das Bein senkrecht in die Höhe und blieb auf der Helmspitze mit dem Bajonett voran zwischen den Pflastersteinen stecken.

Das Dienstmädchen und der kleine Knabe kamen sogleich hinunter, um ihn zu suchen; aber obwohl sie ihn fast traten, so konnten sie ihn doch nicht sehen. Hätte der Zinnsoldat gerufen: „Hier bin ich!", so hätten sie ihn wohl gefunden, aber in seiner Uniform fand er es unpassend, laut zu schreien.

Nun fing es an zu regnen; die Tropfen fielen immer dichter, es wurde ein ordentlicher Platzregen; als der vorüber war, kamen zwei Straßenjungen vorbei.

„Schau mal!", sagte der eine, „da liegt ein Zinnsoldat! Der soll eine Seefahrt machen!"

Sie machten ein Schiff aus einer Zeitung, setzten den Soldaten hinein und nun segelte er den Rinnstein hinunter; beide Knaben liefen nebenher und klatschten in die Hände. Was schlugen da für Wellen in dem Rinnstein und welcher Strom war da! Ja, es hatte aber eben auch gegossen! Das Papierschiff schaukelte auf und nieder, mitunter drehte es sich so geschwind, dass dem Zinnsoldat schwindelte; aber er blieb standhaft, verzog keine Miene, sah geradeaus und hielt das Gewehr im Arm.

Mit einem Male trieb das Schiff unter eine lange Rinnsteinbrücke; da war es so dunkel, als wäre er in seiner Schachtel.

„Wohin mag ich nun treiben?", dachte er. „Ja, ja, daran ist der Kobold Schuld! Ach, säße doch das kleine Mädchen hier im Boot, da könnte es meinetwegen noch einmal so dunkel sein!"

Da kam plötzlich eine große Wasserratte, die unter der Rinnsteinbrücke wohnte.

„Hast du einen Pass?" fragte die Ratte. „Her mit dem Pass!"

Aber der Zinnsoldat schwieg still und hielt das Gewehr noch fester.

Das Schiff fuhr weiter und die Ratte hinterher. Hu, wie sie die Zähne fletschte und

den Holzspänen und dem Stroh zurief: „Haltet ihn auf! Haltet ihn auf! Er hat keinen Zoll bezahlt; er hat seinen Pass nicht gezeigt!"

Aber die Strömung wurde stärker und stärker; der Zinnsoldat konnte schon da, wo die Brücke aufhörte, den hellen Tag erblicken, aber er hörte auch einen brausenden Ton, der selbst einen tapfern Mann erschrecken konnte.

Denkt nur, der Rinnstein stürzte, wo die Brücke endete, geradewegs in einen großen Kanal; das würde für den armen Zinnsoldaten ebenso gefährlich sein wie für uns, einen großen Wasserfall hinunterzufahren!

Nun war er schon so nahe, dass er nicht mehr anhalten konnte. Das Schiff fuhr hinaus, der Zinnsoldat hielt sich so steif und gerade wie er konnte; niemand sollte ihm nachsagen, dass er auch nur mit den Augen gezuckt habe. Das Boot wirbelte drei-, viermal herum und war nun bis zum Rand voll Wasser, es musste sinken. Der Zinnsoldat stand bis zum Halse im Wasser, und tiefer und tiefer sank das Boot, mehr und mehr löste das Papier sich auf; nun ging das Wasser über den Kopf des Soldaten. Da dachte er an die kleine, niedliche Tänzerin, die er nie mehr zu Gesicht bekommen sollte, und in den Ohren des Zinnsoldaten klang das Lied:

„Fahre, fahre Kriegersmann!
Den Tod musst du erleiden!"

Nun zerfiel das Papier und der Zinnsoldat sank hindurch, wurde aber im selben Augenblick von einem großen Fisch verschlungen.

Wie war es dunkel da drinnen! Da war es noch schlimmer als unter der Rinnsteinbrücke, und dann war es noch so eng; aber der Zinnsoldat war standhaft und lag, so lang er war, mit dem Gewehr im Arm.

Der Fisch schwamm umher, er machte die allerschrecklichsten Bewegungen; endlich wurde er ganz still, es fuhr wie ein Blitzstrahl durch ihn hin. Das Licht schien hell

Der Zinnsoldat stand im gleißenden Licht und fühlte eine Hitze, die schrecklich war; aber er wusste nicht, ob sie von dem wirklichen Feuer oder von der Liebe herrührte. Die Farben waren ganz von ihm abgegangen – ob das auf der Reise geschehen war oder ob der Kummer daran Schuld hatte, das konnte niemand sagen. Er sah das kleine Mädchen an, sie sah ihn an, und er fühlte, dass er schmelze, aber noch stand er standhaft mit dem Gewehr im Arm. Da ging eine Tür auf, der Wind ergriff die Tänzerin und sie flog, einer Sylphide gleich, geradewegs in den Ofen zu dem Zinnsoldaten, loderte in Flammen auf und war verschwunden. Da schmolz der Zinnsoldat zu einem Klumpen, und als das Mädchen am folgenden Tage die Asche herausnahm, fand sie ihn als ein kleines Zinnherz; von der Tänzerin hingegen war nur der Stern noch da und der war kohlschwarz gebrannt.

und jemand rief laut: „Der Zinnsoldat!" Der Fisch war gefangen, auf den Markt gebracht, verkauft und in die Küche hinauf gebracht worden, wo die Köchin ihn mit einem großen Messer aufgeschnitten hatte. Sie nahm mit zwei Fingern den Soldaten um den Leib und trug ihn in die Stube, wo alle den merkwürdigen Mann sehen wollten, der im Magen eines Fisches herumgereist war; aber der Zinnsoldat war gar nicht stolz. Sie stellten ihn auf den Tisch und da – wie sonderbar kann es doch in der Welt zugehen! – der Zinnsoldat war in derselben Stube, in der er früher gewesen war; er sah dieselben Kinder und auf dem Tisch stand dasselbe Spielzeug: das herrliche Schloss mit der niedlichen, kleinen Tänzerin. Die hielt sich noch immer auf einem Bein und hatte das andere hoch in der Luft. Auch sie war standhaft. Das rührte den Zinnsoldaten, er war nahe daran, Zinn zu weinen, aber es schickte sich nicht. Er sah sie an, aber sie sagten nichts.

Da nahm einer der kleinen Knaben den Soldaten und warf ihn geradewegs in den Ofen, obwohl er gar keinen Grund dazu hatte; es war sicher der Kobold in der Dose, der schuld daran war.

Däumelinchen

Es war einmal eine Frau, die sich ein ganz kleines Kind sehr wünschte; aber sie wusste nicht, woher sie es nehmen sollte. Da ging sie zu einer alten Hexe und sagte zu ihr: „Ich möchte so herzlich gern ein kleines Kind haben, kannst du mir nicht sagen, wo ich das bekommen kann?"

„Oh, damit wollen wir schon fertig werden!", sagte die Hexe. „Da hast du ein Gerstenkorn; das ist nicht von der Art wie die, welche auf des Landmanns Felde wachsen oder welche die Hühner zu fressen erhalten; lege es in einen Blumentopf, so wirst du was zu sehen bekommen!"

„Ich danke dir!", sagte die Frau und gab der Hexe zwölf Schillinge; denn so viel kostete es. Dann ging sie nach Hause und pflanzte das Gerstenkorn; sogleich wuchs da eine herrliche, große Blume, die aussah wie eine Tulpe, aber die Blätter schlossen sich fest zusammen, als ob sie noch Knospe wäre.

„Das ist eine schöne Blume!", sagte die Frau und küsste sie auf die roten und gelben Blätter; aber indem sie darauf küsste, öffnete sich die Blume mit einem Knalle. Es war eine wirkliche Tulpe, wie man nun sehen konnte; aber mitten in der Blume saß auf dem grünen Samtgriffel ein kleines Mädchen, gar fein und niedlich! Es war kaum einen halben Daumen hoch und deshalb wurde es Däumelinchen genannt.

Eine niedliche, lackierte Walnussschale bekam Däumelinchen zur Wiege, blaue Veilchenblätter waren ihre Matratzen und ein Rosenblatt ihre Decke. Da schlief sie des Nachts, aber am Tage spielte sie auf dem Tische, wo die Frau einen Teller hingestellt und ringsum mit einem Kranze von Blumen belegt hatte, deren Stängel im Wasser standen; darin schwamm ein großes Tulpenblatt, und auf diesem konnte sie sitzen und von der einen Seite des Tellers nach der andern fahren, zum Rudern hatte sie zwei weiße Pferdehaare. Das sah wunderhübsch aus! Sie konnte auch singen, und zwar so zart und fein, wie man es noch nie gehört hatte. –

Einst als sie nachts in ihrem schönen Bette lag, kam eine alte Kröte durch das Fenster, in dem eine Scheibe entzwei war, hereingekrochen. Die Kröte war sehr hässlich, groß und nass; sie hüpfte auf den Tisch hinab, wo Däumelinchen lag und unter dem roten Rosenblatte schlief.

„Das wäre eine schöne Frau für meinen Sohn!", sagte die Kröte und nahm die Walnussschale, worin Däumelinchen schlief, und hüpfte mit ihr durchs Fenster in den Garten hinunter.

Dort floss ein großer, breiter Bach; aber das Ufer war sumpfig und morastig; hier wohnte die Kröte mit ihrem Sohne. Hu! der war hässlich und garstig und glich ganz seiner Mutter. „Koax, koax, brekkekekex!" Das war alles, was er sagen konnte, als er die niedliche Kleine in der Walnussschale erblickte.

„Sprich nicht so laut, sonst erwacht sie!", sagte die alte Kröte. „Sie könnte uns noch entlaufen, denn sie ist so leicht wie ein Schwanenflaum! Wir wollen sie auf eins der breiten Nixenblumenblätter in den Bach setzen; das ist für sie, die so leicht und klein ist, eine Insel. Da kann sie nicht davonlaufen, während wir die Staatsstube unter dem Moraste, wo ihr wohnen und hausen sollt, instand setzen."

Draußen in dem Bache wuchsen viele Nixenblumen mit breiten grünen Blättern, welche aussahen, als schwämmen sie oben auf dem Wasser; das Blatt, welches am weitesten lag, war auch das größte; da schwamm die alte Kröte hinaus und setzte die Walnussschale mit Däumelinchen darauf.

Das kleine, kleine Däumelinchen erwachte frühmorgens und als sie sah, wo sie war, fing sie recht bitterlich an zu weinen; denn es war an allen Seiten des großen, grünen Blattes Wasser und sie konnte nicht an das Land kommen.

Die alte Kröte saß unten im Moraste und putzte ihre Stube mit Schilf und gelben Fischblattblumen aus: Es sollte da recht hübsch für die neue Schwiegertochter werden; dann schwamm sie mit dem hässlichen Sohne zum Blatte hinauf, wo Däumelinchen war. Sie wollten ihr hübsches Bett holen, das sollte in das Brautgemach gestellt werden, bevor sie es selbst betrat. Die alte Kröte verneigte sich tief im Wasser vor ihr und sagte: „Hier siehst du meinen Sohn; er wird dein Mann sein und ihr werdet recht prächtig unten im Moraste wohnen!"

„Koax, koax, brekkekekex!", war alles, was der Sohn sagen konnte.

Dann nahmen sie das niedliche, kleine Bett und schwammen damit fort; aber Däumelinchen saß allein auf dem grünen Blatte

und weinte, denn sie mochte nicht bei der garstigen Kröte wohnen oder ihren hässlichen Sohn zum Manne haben. Die kleinen Fische, welche unten im Wasser schwammen, hatten die Kröte wohl gesehen und auch gehört, was sie gesagt hatte; deshalb streckten sie die Köpfe hervor: Sie wollten auch das kleine Mädchen sehen. Sobald sie es erblickten, fanden sie es so niedlich, dass es ihnen recht leid tat, dass es zur hässlichen Kröte hinunter sollte. Nein, das durfte nie geschehen! Sie versammelten sich unten im Wasser rings um den grünen Stängel, welcher das Blatt hielt, auf dem es stand, und nagten mit den Zähnen den Stiel ab; da schwamm das Blatt den Bach hinab und Däumelinchen davon, weit weg, wo die Kröte sie nicht erreichen konnte.

Däumelinchen segelte an vielen Städten vorbei, und die kleinen Vögel saßen in den Büschen, sahen sie und sangen: „Welch' liebliches kleines Mädchen!" Das Blatt schwamm mit ihm immer weiter und weiter fort; so reiste Däumelinchen außer Landes.

Ein niedlicher, kleiner, weißer Schmetterling umflatterte sie stets und ließ sich zuletzt auf das Blatt nieder; Däumelinchen gefiel ihm und sie war sehr erfreut darüber; denn nun konnte die Kröte sie nicht erreichen und es war so schön, wo sie fuhr; die Sonne schien auf das Wasser und dieses glänzte wie das herrlichste Silber. Sie nahm ihren Gürtel und band das eine Ende um den Schmetterling; das andere Ende des Bandes befestigte sie am Blatte; das glitt nun schneller davon und sie mit, denn sie stand ja auf demselben.

Da kam ein großer Maikäfer angeflogen, der erblickte sie und schlang augenblicklich seine Klauen um ihren schlanken Leib und flog mit ihr auf den Baum. Das grüne Blatt schwamm den Bach hinab und der Schmetterling mit, denn er war an dem Blatte festgebunden und konnte nicht von ihm loskommen.

Gott, wie war das arme Däumelinchen erschrocken, als der Maikäfer mit ihr auf den Baum flog. Aber hauptsächlich war sie wegen des schönen, weißen Schmetterlings betrübt, den sie festgebunden hatte; im Falle, dass er sich nun nicht befreien könnte, müsste er ja verhungern. Allein darum kümmerte sich der Maikäfer nicht. Er setzte sich mit ihr auf das größte grüne Blatt des Baumes, gab ihr das Süße der Blumen zu essen und sagte, dass sie sehr niedlich sei, obgleich sie einem Maikäfer durchaus nicht gliche. Später kamen alle andern Maikäfer, die auf dem Baume wohnten, und machten Visite; sie betrachteten Däumelinchen und sagten: „Sie hat nicht einmal mehr als zwei Beine, das sieht erbärmlich aus!" „Sie hat keine Fühlhörner!", sagte ein anderer. „Sie ist so schlank in der Taille; pfui! sie sieht wie ein Mensch aus! Wie sie hässlich ist!", sagten alle Maikäferinnen, und doch war Däumelinchen gar niedlich. Das erkannte auch der Maikäfer, der sie geraubt hatte. Aber als alle andern sagten, sie sei hässlich, glaubte er es zuletzt auch und wollte sie nicht haben; sie könne gehen, wohin sie wolle. Nun flogen sie mit ihr den Baum hinab und setzten sie auf ein Gänseblümchen; da weinte sie, weil sie so hässlich sei, dass die Maikäfer sie nicht haben wollten, und doch war sie das Lieblichste, was man sich denken konnte, so fein und zart, wie das schönste Rosenblatt.

Den ganzen Sommer über lebte das arme Däumelinchen allein in dem großen Walde. Sie flocht sich ein Bett aus Grashalmen und hing es unter einem Kleeblatte auf, so war sie vor dem Regen geschützt; sie pflückte das Süße der Blumen zur Speise und trank vom Tau, der jeden Morgen auf

den Blättern stand. So vergingen Sommer und Herbst, aber nun kam der Winter, der kalte, lange Winter. Alle Vögel, die so schön von ihr gesungen hatten, flogen davon; Bäume und Blumen entblätterten sich; das große Kleeblatt, unter dem sie gewohnt hatte, rollte sich zusammen und es blieb nichts als ein verwelkter Stängel zurück; sie fror schrecklich, denn ihre Kleider waren entzwei, und sie war selbst so fein und klein, das arme Däumelinchen: Sie musste erfrieren. Es fing an zu schneien und jede Schneeflocke, die auf sie fiel, war, als wenn man auf uns eine ganze Schaufel voll wirft; denn wir sind so groß und sie war nur einen Zoll lang. Da hüllte sie sich in ein dürres Blatt ein; aber das riss in der Mitte entzwei und wollte nicht wärmen; sie zitterte vor Kälte.

Dicht vor dem Walde, wohin sie nun gekommen war, lag ein großes Kornfeld; aber das Korn war seit langer Zeit fort, nur die nackten, trockenen Stoppeln standen aus der gefrorenen Erde hervor. Die waren ein Wald für sie zu durchwandern, o, wie zitterte sie vor Kälte! Da gelangte sie vor die Tür einer Feldmaus. Die hatte ein kleines Loch unter den Kornstoppeln. Da wohnte die Maus warm und gemütlich, hatte die ganze Stube voll Korn, eine herrliche Küche und Speisekammer. Das arme Däumelinchen stellte sich in die Türe, wie ein armes Bettelmädchen, und bat um ein kleines Stück von einem Gerstenkorn, denn sie hatte seit zwei Tagen nicht das Mindeste zu essen gehabt.

„Du armes Tierchen!", sagte die Feldmaus, denn im Grunde war sie eine gute Alte; „komm herein in meine warme Stube und speise mit mir!"

Da ihr nun Däumelinchen gefiel, sagte sie: „Du kannst meinetwegen den Winter über bei mir bleiben, aber du musst meine Stube sauber und rein halten und mir Geschichten erzählen, denn die liebe ich sehr." Und Däumelinchen tat, was die gute, alte

Feldmaus verlangte, und hatte es dafür außerordentlich gut.

„Nun werden wir bald Besuch erhalten!", sagte die Feldmaus; „mein Nachbar pflegt mich jede Woche einmal zu besuchen. Er steht sich noch besser als ich, hat große Säle und trägt einen schönen, schwarzen Samtpelz! Wenn du den nur zum Manne bekommen könntest, so wärest du gut versorgt. Aber er kann nicht sehen. Du musst ihm die niedlichsten Geschichten erzählen, die du weißt!"

Aber darum kümmerte sich Däumelinchen nicht; ihr lag nichts an dem Nachbar, denn er war ja ein Maulwurf.

Dieser kam in seinem schwarzen Samtpelz und stattete Besuch ab. Er sei so reich und so gelehrt, sagte die Feldmaus, seine Wohnung sei auch mehr als zwanzigmal größer als die ihre. Gelehrsamkeit besaß er wohl, aber die Sonne und die schönen Blumen mochte er nicht leiden; von diesen sprach er schlecht, denn er hatte sie nie gesehen.

Däumelinchen musste singen und sie sang: „Maikäfer flieg!", und „Geht der Pfaffe auf das Feld". Da verliebte sich der Maulwurf in sie, der schönen Stimme halber; aber er sagte nichts: er war ein besonnener Mann. –

Er hatte sich vor Kurzem einen langen Gang durch die Erde von seinem bis zu ihrem Hause gegraben; in diesem erhielten die Feldmaus und Däumelinchen Erlaubnis zu spazieren, so viel sie wollten. Aber er bat sie, sich nicht vor dem toten Vogel zu fürchten, der in dem Gange läge. Es war ein ganzer Vogel mit Federn und Schnabel, der sicher erst kürzlich gestorben war und nun da begraben lag, wo jener seinen Gang gemacht hatte.

Der Maulwurf nahm ein Stück faules Holz ins Maul, denn das schimmert wie Feuer im Dunkeln, und ging dann voran und leuchtete ihnen in dem langen, finstern Gange. Als sie dahin kamen, wo der tote

Vogel lag, stemmte der Maulwurf seine breite Nase gegen die Decke und stieß die Erde auf, so dass ein großes Loch entstand, durch welches das Licht hinunter scheinen konnte. Mitten auf dem Fußboden lag eine tote Schwalbe, die schönen Flügel fest an die Seiten gedrückt, die Füße und den Kopf unter die Federn gezogen; der arme Vogel war sicher vor Kälte gestorben. Das tat Däumelinchen recht leid; sie hielt sehr viel von allen kleinen Vögeln, die hatten ja den ganzen Sommer so schön vor ihr gesungen und gezwitschert. Aber der Maulwurf stieß ihn mit seinen krummen Beinen und sagte: „Nun pfeift er nicht mehr! Es muss doch erbärmlich sein, als kleiner Vogel geboren zu werden! Gott sei Dank, dass keins von meinen Kindern das wird; ein solcher Vogel hat ja nichts außer seinem Quivit und muss im Winter verhungern!"

„Ja, das mögt ihr als vernünftiger Mann wohl sagen", sprach die Feldmaus. „Was hat der Vogel für all' seinen Quivit, wenn der Winter kommt? Er muss hungern und frieren. Doch das soll wohl gar vornehm sein!"

Däumelinchen sagte nichts; als aber die beiden andern dem Vogel den Rücken wendeten, neigte sie sich herab, schob die Federn zur Seite, welche den Kopf bedeckten, und küsste ihn auf die geschlossenen Augen.

„Vielleicht war er es, der so hübsch vor mir im Sommer gesungen", dachte sie. „Wie viel Freude hat er mir nicht gemacht, der liebe, schöne Vogel!"

Der Maulwurf stopfte nun das Loch zu, durch welches der Tag hereinschien, und begleitete dann die Damen nach Hause. Aber des Nachts konnte Däumelinchen gar nicht schlafen; da stand sie aus ihrem Bette auf und flocht von Heu einen großen,

schönen Teppich, den trug sie hin, breitete ihn über den toten Vogel aus und legte die feinen Staubfäden von Blumen, die weich wie Baumwolle waren und die sie in der Stube der Feldmaus gefunden hatte, an die Seiten des Vogels, damit er in der Erde warm läge.

„Lebe wohl, du schöner kleiner Vogel!", sagte sie. „Lebe wohl und habe Dank für deinen herrlichen Gesang im Sommer, als alle Bäume grün waren und die Sonne warm auf uns herabschien!" Dann legte sie ihr Haupt an des Vogels Herz. Der Vogel aber war nicht tot: Er lag nur erstarrt da, war nun erwärmt und bekam wieder Leben.

Im Herbst fliegen alle Schwalben nach den heißen Ländern fort, aber ist eine da, die sich verspätet, dann friert sie so, dass sie wie tot niederstürzt und liegen bleibt, wo sie hinfällt; der kalte Schnee bedeckt sie dann.

Däumelinchen zitterte, so war sie erschrocken; denn der Vogel war ja groß, sehr groß gegen sie, die nur einen Zoll lang war. Aber sie fasste doch Mut, legte die Baumwolle dichter um die arme Schwalbe, holte ein Krauseminzblatt, welches sie selbst zur Decke gehabt hatte, und legte es über den Kopf des Vogels.

In der nächsten Nacht schlich sie sich wieder zu ihm; da war er lebendig, aber sehr matt; er konnte nur einen kurzen Augenblick seine Augen öffnen und Däumelinchen ansehen, die mit einem Stück faulen Holzes in der Hand – denn eine andere Laterne hatte sie nicht – vor ihm stand.

„Ich danke dir, du niedliches kleines Kind!", sagte die kranke Schwalbe zu ihr. „Ich bin so herrlich erwärmt! Bald erlange ich meine Kräfte wieder und kann dann draußen in dem warmen Sonnenscheine umherfliegen!"

„O", sagte sie, „es ist kalt draußen; es schneit und friert! Bleib in deinem warmen Bette; ich werde dich schon pflegen!"

Dann brachte sie der Schwalbe Wasser in einem Blumenblatte; diese trank und erzählte ihr, wie sie sich den einen Flügel an einem Dornbusche wund gerissen und deshalb nicht so schnell habe fliegen können wie die andern Schwalben, welche fortgeflogen seien, weit fort, nach den warmen Ländern. So sei sie zuletzt auf die Erde gefallen, aber an mehr konnte sie sich nicht entsinnen und wusste gar nicht, wie sie hierher gekommen war.

Den ganzen Winter blieb sie nun da unten und Däumelinchen hegte und pflegte sie so recht von Herzen; weder der Maulwurf noch die Feldmaus erfuhren etwas davon, denn die mochten ja die arme Schwalbe nicht leiden.

Sobald das Frühjahr kam und die Sonne die Erde erwärmte, sagte die Schwalbe dem Däumelinchen Lebewohl, die das Loch öffnete, welches der Maulwurf oben gemacht hatte. Die Sonne schien so herrlich zu ihnen herein und die Schwalbe fragte, ob sie mitkommen wolle; Sie könne auf ihrem Rücken sitzen: sie wollten weit in den grünen Wald hineinfliegen. Aber Däumelinchen wusste, dass es die alte Feldmaus betrüben würde, wenn sie die so verließe.

„Nein, ich kann nicht!" sagte Däumelinchen.

„Lebe wohl, lebe wohl, du gutes Mädchen!", sagte die Schwalbe und flog hinaus in den Sonnenschein. Däumelinchen sah ihr nach und die Tränen traten ihr in die Augen, denn sie war der armen Schwalbe herzlich gut.

„Quivit, quivit!", sang der Vogel und flog in den grünen Wald.

Däumelinchen war sehr betrübt. Sie erhielt keine Erlaubnis, in den warmen Sonnenschein hinauszugehen. Das Korn, welches auf dem Felde, über dem Hause der Feldmaus, gesäet war, wuchs auch hoch in die Luft empor; das war ein dichter Wald für das arme, kleine Mädchen, das ja nur einen Zoll lang war.

„Nun bist du Braut, Däumelinchen!", sagte die Feldmaus. „Der Nachbar hat um dich angehalten. Welch großes Glück für ein armes Kind! Nun musst du deine Aussteuer nähen, sowohl Wollen- wie Leinenzeug; denn es darf an nichts fehlen, wenn du des Maulwurfs Frau wirst!"

Däumelinchen musste die Spindel drehen und die Feldmaus mietete vier Spinnen, um Tag und Nacht für sie zu weben. Jeden Abend besuchte sie der Maulwurf und sprach dann immer davon, dass, wenn der Sommer zu Ende gehe, die Sonne lange nicht warm scheinen werde; sie brenne ja jetzt die Erde so fest wie einen Stein. Ja, wenn der Sommer vorbei sei, dann wolle er mit Däumelinchen Hochzeit halten. Aber die war gar nicht froh; denn sie mochte den langweiligen Maulwurf nicht leiden. Jeden Morgen, wenn die Sonne aufging, und jeden Abend, wenn sie unterging, stahl sie sich zur Tür hinaus, und wenn dann der Wind

die Kornähren trennte, so dass sie den blauen Himmel erblicken konnte, dachte sie daran, wie hell und schön es hier draußen sei und wünschte sehnlichst, die liebe Schwalbe wiederzusehen. Aber die kam nie wieder; die war gewiss weit weg in den schönen, grünen Wald geflogen.

Als es nun Herbst wurde, hatte Däumelinchen die ganze Aussteuer fertig.

„In vier Wochen sollst du Hochzeit halten!", sagte die Feldmaus zu ihr. Aber Däumelinchen weinte und sagte, sie wolle den langweiligen Maulwurf nicht haben.

„Schnickschnack!", sagte die Feldmaus; „sei nicht widerspenstig, denn sonst werde ich dich mit meinen weißen Zähnen beißen! Es ist ja ein schöner Mann, den du bekommst! Die Königin selbst hat nicht solch einen schwarzen Samtpelz! Er hat Küche und Keller voll. Danke Gott dafür!"

Nun sollte die Hochzeit sein. Der Maulwurf war schon gekommen, Däumelinchen zu holen; sie sollte bei ihm wohnen, tief unter der Erde, und nie an die warme Sonne hinauskommen, denn die mochte er nicht leiden. Die arme Kleine war sehr betrübt; sie sollte nun der schönen Sonne Lebewohl sagen, die sie doch bei der Feldmaus Erlaubnis gehabt hatte von der Tür aus zu sehen.

„Lebe wohl, du helle Sonne!" sagte sie, streckte die Arme hoch empor und ging auch eine kleine Strecke vor dem Hause der Feldmaus weiter; denn nun war das Korn geerntet und hier standen nur die trockenen Stoppeln. „Lebe wohl, lebe wohl!", sagte sie und schlang ihre Arme um eine kleine, rote Blume, die da noch blühte. „Grüße die kleine Schwalbe von mir, wenn du sie zu sehen bekommst!"

„Quivit, quivit!", ertönte es plötzlich über ihrem Kopfe; sie sah empor; es war die kleine Schwalbe, die gerade vorbeikam. Sobald sie Däumelinchen erblickte, wurde sie sehr froh. Diese erzählte ihr, wie ungern sie den hässlichen Maulwurf zum Manne nehme, und dass sie dann tief unter der Erde wohnen solle, wohin nie die Sonne scheine. Sie konnte sich nicht enthalten, dabei zu weinen.

„Nun kommt der kalte Winter", sagte die kleine Schwalbe. „Ich fliege weit fort nach den warmen Ländern; willst du mit mir kommen? Du kannst auf meinem Rücken sitzen; dann fliegen wir von dem hässlichen Maulwurf und seiner dunklen Stube fort, weit weg, über die Berge, nach den warmen Ländern, wo die Sonne schöner scheint als hier, wo immer Sommer ist und es herrliche Blumen gibt. Fliege nur mit mir, du liebes kleines Däumelinchen, die mein Leben gerettet hat, als ich erfroren in dem dunklen Erdkeller lag!"

„Ja, ich werde mit dir ziehen", sagte Däumelinchen, setzte sich auf des Vogels Rücken, mit den Füßen auf seine entfaltete Schwinge, und band ihren Gürtel an einer der stärksten Federn fest. Da flog die Schwalbe hoch in die Luft, über Wald und See, hoch hinauf über die großen Berge, wo immer Schnee liegt. Und Däumelinchen fror in der kalten Luft; aber dann verkroch sie sich unter des Vogels warme Federn und steckte nur den kleinen Kopf hervor, um alle die Schönheiten unter sich zu bewundern.

Endlich kamen sie nach den warmen Ländern. Dort schien die Sonne weit heller als hier; der Himmel war zweimal so hoch und in Gräben und auf Hecken wuchsen die schönsten grünen und blauen Weintrauben; in den Wäldern hingen Zitronen und Apfelsinen; es duftete von Myrten und Krauseminze und auf den Landstraßen liefen die niedlichsten Kinder und spielten mit großen bunten Schmetterlingen. Aber die Schwalbe flog noch weiter fort und es wurde schöner und schöner. Unter den herrlichsten grünen Bäumen an dem blauen See stand ein blendend weißes Marmorschloss, noch aus alten Zeiten; Weinreben rankten sich um die hohen Säulen empor;

oben waren viele Schwalbennester und in einem derselben wohnte die Schwalbe, welche Däumelinchen trug.

„Hier ist mein Haus!", sagte die Schwalbe. „Aber es schickt sich nicht, dass du mit darin wohnst; ich bin nicht so eingerichtet, dass du damit zufrieden sein kannst; suche dir nun selbst eine der prächtigsten Blumen, die da unten wachsen; dann will ich dich hineinsetzen und du sollst es gut haben, wie du es nur wünschest!"

„Das ist herrlich!", sagte sie und klatschte in die kleinen Hände.

Da lag eine große, weiße Marmorsäule, welche zu Boden gefallen und in drei Stücke zersprungen war: Aber zwischen diesen wuchsen die schönsten großen, weißen Blumen. Die Schwalbe flog mit Däumelinchen herunter und setzte sie auf eins der breiten Blätter. Aber wie erstaunte diese! Da saß ein kleiner Mann mitten in der Blume, so weiß und durchsichtig, als wäre er von Glas; die niedlichste Goldkrone trug er auf dem Kopfe und die herrlichsten Flügel an den Schultern; er war selbst nicht größer als Däumelinchen. Es war der Blume Engel. In jeder Blume wohnte so ein kleiner Mann oder eine Frau; aber dieser war der König über alle.

„Gott, wie ist er schön!", flüsterte Däumelinchen der Schwalbe zu. Der kleine

Prinz erschrak sehr über die Schwalbe, denn sie war ja gegen ihn, der so klein und fein war, ein Riesenvogel. Aber als er Däumelinchen erblickte, wurde er hoch erfreut; sie war das schönste Mädchen, das er je gesehen hatte. Deshalb nahm er seine Goldkrone vom Haupte und setzte sie ihr auf, fragte, wie sie heiße und ob sie seine Frau werden wolle; dann solle sie Königin über alle Blumen sein! Ja, das war freilich ein anderer Mann als der Sohn der Kröte und der Maulwurf mit dem schwarzen Samtpelze. Sie sagte deshalb „ja" zu dem herrlichen Prinzen. Und aus jeder Blume kam eine Dame und ein Herr, so niedlich, dass es eine Lust war; jeder brachte Däumelinchen ein Geschenk, aber das Beste von allen waren ein Paar schöne Flügel von einer großen, weißen Fliege, die wurden Däumelinchen am Rücken befestigt, und nun

konnte sie auch von Blume zu Blume fliegen. Da gab es viele Freude und die kleine Schwalbe saß oben in ihrem Neste und sollte das Hochzeitslied singen; das tat sie denn auch so gut sie konnte; im Herzen war sie doch betrübt, denn sie war Däumelinchen so gut und hätte sich nie von ihr trennen mögen.

„Du sollst nicht Däumelinchen heißen!", sagte der Blumenengel zu ihr. „Das ist ein hässlicher Name und du bist zu schön dazu. Wir wollen dich Maja nennen."

„Lebe wohl, lebe wohl!", sagte die kleine Schwalbe mit schwerem Herzen und flog wieder fort von den warmen Ländern, weit weg nach Dänemark zurück. Dort hatte sie ein kleines Nest über dem Fenster, wo der Mann wohnt, der Märchen erzählen kann. Vor ihm sang sie „Quivit, quivit!" Daher wissen wir die ganze Geschichte.

Das Feuerzeug

Auf einer Landstraße kam ein Soldat dahermarschiert: Eins, zwei! Eins, zwei! Er hatte seinen Tornister auf dem Rücken und einen Säbel an der Seite, denn er war im Krieg gewesen und wollte nun nach Hause.

Da begegnete er einer alten Hexe; sie war widerlich, ihre Unterlippe hing ihr geradewegs bis zur Brust herab. Sie sagte: „Guten Abend, Soldat! Was hast du für einen schönen Säbel und großen Tornister! Du bist ein wahrer Soldat! Nun sollst du so viel Geld bekommen, wie du haben magst."

„Ich danke dir, du alte Hexe!", sagte der Soldat.

„Siehst du den großen Baum da?", sagte die Hexe und zeigte auf eine Eiche neben ihnen. „Er ist inwendig ganz hohl; du musst bis in den Wipfel hinaufklettern, dort findest du ein Loch, durch das du dich hinablassen kannst und bis tief in den Erdboden gelangst. Ich werde dir einen Strick umbinden, damit ich dich wieder heraufziehen kann, wenn du mich rufst!"

„Was soll ich denn da unten?", fragte der Soldat.

„Geld holen!", sagte die Hexe. „Du musst wissen, wenn du bis auf den Boden gelangst, dann kommst du in eine große Halle; da ist es ganz hell, denn da brennen viele Hundert Lampen. Dann siehst du drei Türen. Du kannst sie öffnen, der Schlüssel steckt in ihnen. Gehst du in die erste Kammer hinein, so siehst du mitten auf dem Fußboden eine große Kiste. Auf ihr sitzt ein Hund; er hat ein Paar Augen, so groß wie Teetassen, doch das braucht dich nicht zu kümmern! Ich gebe dir meine blaue Schürze, die kannst du auf dem Fußboden ausbreiten; geh dann rasch hin und nimm den Hund, setze ihn auf die Schürze, denn dann tut er dir nichts, öffne die Kiste und nimm so viel Geld, wie du willst; es ist lauter Kupfer. Willst du lieber Silber haben, so musst du in das nächste Zimmer hineingehen; da sitzt ein Hund, der hat ein Paar Augen, so groß wie Mühlräder; doch das braucht dich nicht zu kümmern. Setze ihn auf meine Schürze und nimm von dem Geld! Willst du hingegen Gold haben, so kannst du es auch bekommen, und zwar so viel, wie du nur tragen kannst, wenn du in die dritte Kammer hineingehst. Aber der Hund, der auf dem Goldkasten sitzt, hat zwei Augen, jedes so groß wie ein Turm.

Das ist ein Prachthund, glaube mir; aber das soll dich nicht kümmern. Setze ihn nur auf meine Schürze und nimm aus der Kiste so viel Gold, wie du willst!"

„Das wäre nicht übel!", sagte der Soldat. „Aber was soll ich dir geben, du alte Hexe? Du willst doch wohl auch etwas haben?"

„Nein", sagte die Hexe, „nicht einen einzigen Groschen will ich haben! Für mich sollst du nur ein altes Feuerzeug nehmen, das meine Großmutter vergaß, als sie das letzte Mal dort unten war!"

„Na, dann binde mir den Strick mal um!", sagte der Soldat.

„Hier ist er", sagte die Hexe, „und hier ist meine blaue Schürze."

Dann kletterte der Soldat auf den Baum hinauf, ließ sich in das Loch hinab und stand, wie die Hexe gesagt hatte, unten in der großen Halle, wo die vielen Hundert Lampen brannten.

Nun öffnete er die erste Tür. Hu, da saß der Hund mit den Augen, so groß wie Teetassen, und glotzte ihn an.

„Du bist ein netter Kerl!", sagte der Soldat, setzte ihn auf die Schürze der Hexe und nahm so viel Kupfergeld, wie in seine Taschen passte, schloss dann die Kiste, setzte den Hund wieder darauf und ging in das andere Zimmer hinein. Wahrhaftig, da saß der Hund mit den Augen, so groß wie Mühlräder.

„Du solltest mich lieber nicht so ansehen", sagte der Soldat, „sonst bekommst du noch schlimme Augen davon!", und er setzte den Hund auf die Schürze der Hexe. Aber als er das viele Silbergeld in der Kiste sah, warf er all das Kupfergeld, was er hatte, fort und füllte die Taschen und den Tornister nur mit Silber. Nun ging er in die dritte Kammer. Das war hässlich! Der Hund darin hatte wirklich zwei Augen, so groß wie ein Turm, und die drehten sich im Kopfe wie die Flügel von Windmühlen.

„Guten Abend!", sagte der Soldat und fasste sich an die Mütze, denn einen solchen Hund hatte er noch nie gesehen; aber nachdem er ihn eine Weile betrachtet hatte, dachte er: „Nun ist es genug!", hob ihn auf den Fußboden und öffnete die Kiste. Was war da für eine Menge Gold! Dafür konnte er die ganze Stadt und alle Zuckerferkel der Kuchenfrauen, alle Zinnsoldaten, Peitschen und Schaukelpferde in der ganzen Welt kaufen! Ja, das war wirklich alles Gold! Nun warf der Soldat alles Silbergeld fort, mit dem er seine Taschen und seinen Tornister gefüllt hatte, und nahm dafür Gold; ja, alle Taschen, der Tornister, die Mütze und die Stiefel wurden gefüllt, so dass er kaum gehen konnte. Nun hatte er Geld! Den Hund setzte er auf die Kiste, schlug die Türe zu und rief dann durch den Baum hinauf:

„Zieh mich rauf, du alte Hexe!"

„Hast du auch das Feuerzeug?", fragte die Hexe.

„Wahrhaftig", sagte der Soldat, „das hätte ich fast vergessen." Und er ging und holte es. Die Hexe zog ihn herauf und da stand er wieder auf der Landstraße, Taschen, Stiefel, Tornister und sogar die Mütze voll Gold.

„Was willst du mit dem Feuerzeug?", fragte der Soldat.

„Das geht dich nichts an!", sagte die alte Hexe. „Du hast ja nun schon dein Geld bekommen! Gib mir nun auch mein Feuerzeug!"

„Nichts da!", sagte der Soldat. „Willst du mir gleich sagen, was du damit willst, oder ich ziehe meinen Säbel und schlage dir ohne zu zögern den Kopf ab!"

„Nein!", sagte die Hexe.

Da hieb der Soldat ihr den Kopf ab. Da lag sie nun! Er aber band all sein Gold in ihre Schürze, packte es wie ein Bündel auf seinen Rücken, steckte das Feuerzeug ein und ging geradewegs zur Stadt.

Das war eine prächtige Stadt! Und im prachtvollsten Wirtshaus kehrte er ein, verlangte die allerbesten Zimmer und seine Lieblingsspeisen, denn nun, da er so viel Geld hatte, war er ja reich.

Dem Diener, der seine Stiefel putzen sollte, schienen es freilich recht jämmerliche und alte Stiefel, die ein so reicher Herr besaß. Aber er hatte sich noch keine neuen gekauft; am nächsten Tage bekam er anständige Stiefel und schöne Kleider. Nun war aus dem Soldaten ein vornehmer Herr geworden und man erzählte ihm von all den Herrlichkeiten, die in der Stadt waren, und von dem König und was für eine niedliche Prinzessin seine Tochter sei.

„Wo kann man sie zu sehen bekommen?", fragte der Soldat.

„Man kann sie gar nicht zu sehen bekommen!", antworteten die Leute. „Sie wohnt in einem großen Schlosse, das ist von vielen Mauern und Türmen umgeben. Niemand außer dem König darf bei ihr ein- und ausgehen, denn es ist prophezeit, dass sie einen ganz gemeinen Soldaten heiraten wird, und das mag der König nicht dulden."

„Die möchte ich wohl gerne einmal sehen!", dachte der Soldat, aber dazu konnte er ja niemals Erlaubnis erhalten.

Nun lebte er recht lustig, besuchte das Theater, fuhr in des Königs Garten und gab den Armen viel Geld, und das war hübsch von ihm; er wusste noch von früheren Zeiten her, wie schlimm es ist, nicht einen Groschen zu besitzen! Er war immer noch reich, hatte schöne Kleider und viele Freunde, die alle sagten, er sei ein vortrefflicher Mensch, ein wahrer Edelmann, und das hatte der Soldat gern! Aber da er jeden Tag Geld ausgab und nie etwas einnahm, blieben ihm zuletzt nicht mehr als zwei Groschen übrig. Er musste die schönen Zimmer verlassen und oben in einer winzig kleinen Kammer dicht unterm Dach wohnen, seine Stiefel selbst bürsten und sie mit einer Stopfnadel zusammennähen, und keiner seiner Freunde kam zu ihm, denn es waren viele Treppen hinaufzusteigen.

Es war ein ganz dunkler Abend, er konnte sich nicht einmal ein Licht kaufen; aber da fiel es ihm ein, dass ein kleines Lichtstückchen in dem Feuerzeug lag, das er mit Hilfe der Hexe aus dem hohlen Baume mitgenommen hatte. Er holte das Feuerzeug und das Lichtstückchen hervor; aber gerade als er Feuer schlug, sprang die Tür auf und der Hund, der Augen so groß wie ein paar Teetassen hatte und den er unten unter dem Baume gesehen hatte, stand vor ihm und fragte: „Was befiehlt mein Herr?"

„Was ist denn das?", fragte der Soldat. „Das ist ja ein lustiges Feuerzeug, wenn ich so bekommen kann, was ich haben will! – Schaff mir etwas Geld", sagte er zum Hund, und husch! war er fort und husch! war er wieder da, mit einem großen Beutel voll Geld in seinem Maul.

Nun wusste der Soldat, was für ein prächtiges Feuerzeug das war! Schlug er einmal, so kam der Hund, der auf der Kiste mit Kupfergeld saß, schlug er zweimal, so kam der, der das Silbergeld hatte, und schlug er dreimal, so kam der, der das Gold bewachte. Nun zog der Soldat wieder in die schönen Zimmer, erschien wieder in schönen Kleidern und alle seine Freunde erkannten ihn wieder und hielten sehr große Stücke auf ihn.

Da dachte er einmal: „Es ist doch eigenartig, dass man die Prinzessin nicht sehen darf. Sie soll sehr schön sein; aber was hilft das, wenn sie immer in dem großen Schloss sitzen muss! Kann ich sie denn gar nicht zu sehen bekommen? Wo ist mein Feuerzeug?" Er schlug Feuer und da kam der Hund mit den Augen, so groß wie Teetassen.

„Es ist freilich mitten in der Nacht", sagte der Soldat, „aber ich würde so gerne einmal die Prinzessin sehen, nur für einen Augenblick!"

Der Hund war sogleich aus der Tür und noch ehe er sich`s versah, kam er auch schon mit der Prinzessin wieder. Sie saß und schlief auf dem Rücken des Hundes und war so lieblich, wie nur eine wirkliche Prinzessin sein konnte; der Soldat konnte gar nicht anders als sie zu küssen, denn er war ganz und gar ein Soldat.

Darauf lief der Hund mit der Prinzessin zurück. Doch als es Morgen wurde und der König und die Königin kamen, sagte die Prinzessin, sie habe in der vorigen Nacht einen ganz sonderbaren Traum von einem Hunde und einem Soldaten gehabt. Sie sei auf einem Hunde geritten und ein Soldat habe sie geküsst.

„Das wäre ja eine schöne Geschichte!", sagte die Königin.

In der nächsten Nacht sollte nun eine der alten Hofdamen am Bette der Prinzessin wachen, um zu sehen, ob es ein Traum sei oder was es sonst sein könnte.

Der Soldat sehnte sich schrecklich nach der schönen Prinzessin und so kam der Hund in der Nacht, nahm sie und lief was er

konnte; die alte Hofdame aber lief ebenso schnell hinterher. Als sie nun sah, dass der Hund mit der Prinzessin in einem großen Haus verschwand, dachte sie: „Nun weiß ich, wo er ist", und machte mit einem Stück Kreide ein großes Kreuz an die Tür. Dann ging sie nach Hause und legte sich schlafen, und auch der Hund kam mit der Prinzessin wieder. Aber als er sah, dass ein Kreuz an der Tür gemacht war, wo der Soldat wohnte, nahm er auch ein Stück Kreide und machte Kreuze an alle Türen in der ganzen Stadt. Das war klug, denn nun konnte ja die Hofdame die richtige Tür nicht finden, da an allen Kreuze waren.

Frühmorgens kamen der König und die Königin, die alte Hofdame und alle Offiziere, um zu sehen, wo die Prinzessin gewesen war.

„Da ist es!", sagte der König, als er die erste Tür mit einem Kreuz sah.

„Nein, dort ist es!", sagte die Königin, als sie die zweite Tür mit einem Kreuze entdeckte.

„Aber da ist eins und dort ist eins!", sagten alle; wohin sie blickten, waren Kreuze an den Türen. Da wurde ihnen klar, dass Suchen nichts helfen würde.

Aber die Königin war eine äußerst kluge Frau, die mehr konnte als in einer Kutsche fahren. Sie nahm ihre große, goldene Schere, schnitt ein großes Stück Seidenzeug in Stücke und nähte einen kleinen, hübschen Beutel daraus; den füllte sie mit feiner Buchweizengrütze, band ihn der Prinzessin auf den Rücken, und als das getan war, schnitt sie ein kleines Loch in den Beutel, so dass die Grütze den ganzen Weg bestreuen konnte, den die Prinzessin nahm.

In der Nacht kam nun der Hund wieder, nahm die Prinzessin auf den Rücken und lief mit ihr zu dem Soldaten. Der hatte sie lieb und wäre gern ein Prinz gewesen, um sie zur Frau nehmen zu können.

Der Hund bemerkte nicht, wie sich die Grütze gerade vom Schlosse bis zum Fenster

des Soldaten ausstreute, wo er mit der Prinzessin die Mauer hinauflief. Am Morgen sahen der König und die Königin nun, wo ihre Tochter gewesen war, und da nahmen sie den Soldaten und warfen ihn ins Gefängnis.

Da saß er nun. Hu, wie dunkel und hässlich es da war! Und dazu sagte man ihm: „Morgen wirst du gehängt!" Das hörte sich nicht eben schön an und sein Feuerzeug hatte er zu Hause im Gasthof gelassen. Am Morgen konnte er durch das Eisengitter vor dem kleinen Fenster sehen, wie das Volk aus der Stadt herbeieilte, um ihn hängen zu sehen. Er hörte die Trommeln und sah die Soldaten marschieren. Alle Menschen liefen herbei; und unter ihnen war auch ein Schusterjunge mit Schurzfell und Pantoffeln; er lief so im Galopp, dass einer seiner Pantoffeln gerade gegen die Mauer flog, hinter der der Soldat saß und durch das Eisengitter hinaussah.

„Ei, Schusterjunge! Brauchst nicht solche Eile zu haben", sagte der Soldat zu ihm; „es wird nichts daraus, bevor ich komme! Willst du aber hinlaufen, wo ich gewohnt habe, und mir mein Feuerzeug holen, so sollst du vier Groschen haben! Aber du musst schnell machen!" Der Schuhmacherjunge wollte gern die vier Groschen haben und lief nach dem Feuerzeug, brachte es dem Soldaten und – ja nun, wir werden es hören!

Außerhalb der Stadt war ein großer Galgen errichtet, ringsherum standen die Soldaten und viele tausend Menschen. Der König und die Königin saßen oben auf einem prächtigen Thron, den Richtern und dem ganzen Rat gegenüber.

Der Soldat stand schon oben auf der Leiter; aber als sie ihm den Strick um den Hals legen wollten, sagte er, dass man ja einem armen Sünder immer, bevor er seine Strafe erleiden müsse, noch einen letzten unschuldigen Wunsch gewähre. Er möchte

eine Pfeife Tabak rauchen, es sei ja die letzte Pfeife, die er in dieser Welt bekomme.

Das wollte der König ihm denn auch nicht abschlagen und so nahm der Soldat sein Feuerzeug und schlug Feuer, ein-, zwei-, dreimal! Da standen alle drei Hunde, der mit den Augen so groß wie Teetassen, der mit den Augen so groß wie Mühlräder und der mit Augen so groß wie ein Turm.

„Helft mir, dass ich nicht gehängt werde", rief der Soldat und da fielen die Hunde über die Richter und den ganzen Rat her, nahmen den einen bei den Beinen und den andern bei der Nase und warfen sie viele Ellen hoch in die Luft, so dass sie beim Herunterfallen in Stücke zerschlugen.

„Ich will nicht", sagte der König, aber der größte Hund nahm sowohl ihn wie die Königin und warf sie den andern nach; da erschraken die Soldaten, und alles Volk rief: „Guter Soldat, du sollst unser König sein und die schöne Prinzessin haben!"

Dann setzten sie den Soldaten in die Kutsche des Königs, voran tanzten alle drei Hunde und riefen Hurra, die Knaben pfiffen auf den Fingern und die Soldaten präsentierten das Gewehr. Die Prinzessin kam aus dem Schlosse und wurde Königin, und das gefiel ihr! Die Hochzeit währte acht Tage lang und die Hunde saßen mit bei Tisch und machten große Augen.

Die Prinzessin auf der Erbse

Es war einmal ein Prinz, der wollte eine Prinzessin heiraten. Aber das sollte eine echte Prinzessin sein. Er reiste in der ganzen Welt herum, um eine solche zu finden, aber immer fehlte etwas. Prinzessinnen gab es genug, aber ob es echte Prinzessinnen waren, konnte er nie herausfinden. Immer war etwas, was nicht ganz in Ordnung war. Da kam er wieder nach Hause und war ganz traurig, denn er wollte doch zu gern eine echte Prinzessin haben.

Eines Abends zog ein furchtbares Unwetter auf; es blitzte und donnerte, es regnete in Strömen und es war ganz entsetzlich. Da klopfte es an das Stadttor und der alte König ging hin, um aufzumachen.

Es war eine Prinzessin, die draußen vor dem Tor stand. Aber wie sah sie vom Regen und dem bösen Wetter aus! Das Wasser troff ihr von den Haaren und Kleidern herunter; es lief in die Schnäbel der Schuhe hinein und zum Absatz wieder hinaus, und dabei sagte sie, sie sei eine echte Prinzessin.

„Nun, das werden wir schon noch erfahren!", dachte die alte Königin. Aber sie sagte nichts, ging in die Schlafkammer hinein, nahm alles Bettzeug ab und legte eine Erbse auf den Boden der Bettstelle. Dann nahm sie zwanzig Matratzen, legte sie auf die Erbse und dann noch zwanzig Eiderdaunendecke oben auf die Matratzen darauf.

Hier sollte nun die Prinzessin die ganze Nacht über liegen. Am Morgen fragte man sie, wie sie geschlafen hätte.

„Oh, entsetzlich schlecht!" sagte die Prinzessin. „Ich habe die ganze Nacht fast kein Auge zugetan! Gott weiß, was da in meinem Bett gewesen ist. Ich habe auf etwas Hartem gelegen, so dass ich am ganzen Körper ganz braun und blau bin! Es ist entsetzlich!" Nun konnte man sehen, dass sie wirklich eine Prinzessin war, weil sie durch die zwanzig Matratzen und die zwanzig Eiderdaunendecken die Erbse gespürt hatte. So feinfühlig konnte niemand anderes außer einer echten Prinzessin sein.

Da nahm sie der Prinz zur Frau, denn nun wusste er, dass er eine echte Prinzessin gefunden hatte. Und die Erbse kam auf die Kunstkammer, wo man sie noch heute sehen kann, wenn sie niemand gestohlen hat.

Schaut, das war eine wahre Geschichte!

Die roten Schuhe

Es war einmal ein kleines Mädchen, fein und niedlich. Aber im Sommer musste sie immer mit bloßen Füßen gehen, denn sie war arm, und im Winter mit großen Holzschuhen, so dass die kleine Spanne rot wurde, und zwar ganz und gar. Mitten im Dorfe wohnte eine alte Schusterfrau; die saß und nähte, so gut sie konnte, aus alten, roten Tuchstreifen ein Paar kleine Schuhe; sie waren plump, aber es war gut gemeint; die sollte das kleine Mädchen haben. Dieses hieß Karen.

An dem Tage, als ihre Mutter begraben wurde, erhielt sie die roten Schuhe und hatte sie zum ersten Male an. Freilich war es nichts, um damit zu trauern; aber sie hatte keine andern und daher steckte sie die bloßen Füße hinein und ging hinter dem ärmlichen Sarge her.

Da kam ein großer, alter Wagen und darin saß eine alte Dame; die betrachtete das kleine Mädchen und fühlte Mitleid mit ihr und sagte zum Prediger: „Hört, gebt mir das kleine Mädchen, dann werde ich mich ihrer annehmen!"

Und Karen glaubte, das geschähe alles nur der roten Schuhe wegen; aber die alte Dame meinte, die seien abscheulich, und sie wurden verbrannt. Aber Karen selbst wurde rein und nett angezogen; sie musste lesen und

nähen lernen, und die Leute sagten, sie sei niedlich. Der Spiegel aber sagte: „Du bist mehr als niedlich, du bist schön!"

Da reiste die Königin einst durch das Land und hatte ihre kleine Tochter bei sich: Die war eine Prinzessin. Die Leute strömten nach dem Schlosse hin und unter ihnen war Karen denn auch, und die kleine Prinzessin stand in feinen, weißen Kleidern in einem Fenster und ließ sich anstaunen. Sie hatte weder Schleppe noch Goldkrone, aber herrliche, rote Saffianschuhe; die waren freilich schöner als die, welche die Schusterfrau der kleinen Karen genäht hatte. Nichts in der Welt kann doch mit roten Schuhen verglichen werden!

Nun war Karen so alt, dass sie eingesegnet werden sollte; sie bekam neue Kleider und neue Schuhe sollte sie auch haben. Der reiche Schuhmacher in der Stadt nahm Maß zu ihrem kleinen Fuße; das geschah zu Hause in seinem eigenen Zimmer, da standen große Glasschränke mit niedlichen Schuhen und blanken Stiefeln. Das sah allerliebst aus, aber die alte Dame konnte nicht gut sehen, deshalb hatte sie kein Vergnügen daran. Mitten unter den Schuhen standen ein Paar rote, wie die, welche die Prinzessin getragen hatte. Wie schön waren die! Der Schuhmacher sagte auch, dass sie für ein Grafenkind gemacht seien: Sie hätten aber nicht gepasst.

„Das ist wohl Glanzleder?", fragte die alte Dame. „Sie glänzen so!"

„Ja, sie glänzen!", sagte Karen; sie passten und wurden gekauft. Aber die alte Dame wusste nichts davon, dass sie rot waren, denn sie hätte Karen nie erlaubt, in roten Schuhen zur Einsegnung zu gehen; aber das tat sie nun.

Alle Menschen betrachteten ihre Füße. Und als sie zur Chortüre über die Kirchtürschwelle hinschritt, kam es ihr vor, als wenn selbst die alten Bilder auf den Grabmälern, die Porträts von Predigern und Predigerfrauen mit steifen Kragen und langen, schwarzen Kleidern die Augen auf ihre roten Schuhe hefteten. Und nur an diese dachte sie, als der Prediger seine Hand auf ihr Haupt legte und von der heiligen Taufe, vom Bunde mit Gott und dass sie nun eine erwachsene Christin sein sollte, sprach. Die Orgel rauschte feierlich, die hübschen Kinderstimmen sangen und der alte Kantor sang; aber Karen dachte nur an die roten Schuhe.

Am Nachmittage erfuhr die alte Dame von allen Menschen, dass die Schuhe rot gewesen; und sie sagte, dass es hässlich wäre, dass es sich nicht passe und dass Karen später, wenn sie zur Kirche ginge, immer mit schwarzen Schuhen gehen sollte, selbst wenn sie alt seien.

Am nächsten Sonntage war Abendmahl. Und Karen betrachtete die schwarzen Schuhe, besah die roten – besah sie wieder und – zog die roten an.

Es war herrlicher Sonnenschein; Karen und die alte Dame gingen den Fußsteig durch das Korn entlang; da stäubte es ein wenig.

An der Kirchtür stand ein alter Invalide mit einem Krückstocke und mit einem wunderbar langen Barte; der war mehr rot wie weiß, und er neigte sich bis zur Erde und fragte die alte Dame, ob er ihre Schuhe abwischen dürfe. Und Karen streckte auch ihren kleinen Fuß aus. „Sieh, was für schöne Tanzschuhe!", sagte der Soldat. „Sitzt fest, wenn ihr tanzt!" Und darauf schlug er mit der Hand gegen die Sohlen.

Und die alte Dame gab dem Soldaten ein Almosen und dann ging sie mit Karen in die Kirche.

Und alle Menschen darin sahen nach Karens roten Schuhen und alle Bilder sahen danach, und als Karen vor dem Altar kniete und den goldenen Kelch an ihren Mund setzte, dachte sie nur an die roten Schuhe; und es war ihr, als ob sie im Kelche herumschwämmen; und sie vergaß ihren

Psalm zu singen, sie vergaß ihr Vaterunser zu beten.

Nun gingen alle Leute aus der Kirche und die alte Dame stieg in ihren Wagen. Karen aber erhob den Fuß, um auch einzusteigen; da sagte der alte Soldat: „Sieh, was für schöne Tanzschuhe!" Und Karen konnte nicht umhin, sie musste einige Tanztritte machen; und als sie anfing, fuhren die Beine fort zu tanzen. Es war, als hätten die Schuhe Macht über sie erhalten. Sie tanzte um die Kirchenecke, sie konnte es nicht lassen; der Kutscher musste hinterherlaufen und sie greifen; und er hob sie in den Wagen, aber die Füße fuhren fort zu tanzen, so dass sie die gute, alte Dame gewaltig trat. Endlich zogen sie ihr die Schuhe aus und die Beine erhielten Ruhe.

Daheim wurden die Schuhe in den Schrank gestellt, aber Karen konnte nicht unterlassen, sie zu betrachten.

Nun lag die alte Dame krank darnieder; es hieß, sie würde nicht wieder aufkommen. Gepflegt und gewartet musste sie werden und niemandem kam dies mehr zu als Karen. Aber in der Stadt war ein großer Ball; Karen war eingeladen: – sie besah die roten Schuhe und meinte, es wäre keine Sünde dabei; – sie zog die roten Schuhe an, das durfte sie ja auch wohl; – aber dann ging sie zum Ball und fing an zu tanzen.

Als sie aber zur Rechten wollte, tanzten die Schuhe zur Linken, und als sie die Diele hinauf wollte, tanzten die Schuhe dieselbe hinunter, die Treppe hinab, durch die Straße und durch das Stadttor hinaus. Sie tanzte und musste tanzen, hinaus in den finsteren Wald.

Da leuchtete es oben zwischen den Bäumen; und sie glaubte, es sei der Mond, denn es war ein Gesicht. Aber es war der alte Soldat mit dem roten Barte; er saß und nickte und sagte: „Sieh, was für schöne Tanzschuhe!"

Da erschrak sie und wollte die roten Schuhe wegwerfen; aber die hingen fest.

Und sie schleuderte ihre Strümpfe ab; aber die Schuhe waren an den Füßen festgewachsen. Sie tanzte und musste über Feld und Wiese, in Regen und Sonnenschein, bei Nacht und bei Tage tanzen; allein nachts war es am gräulichsten.

Sie tanzte auf den offenen Kirchhof hinaus; aber die Toten dort tanzten nicht; die hatten Besseres zu tun als zu tanzen. Sie wollte sich auf des Armen Grab setzen, wo das bittere Farnkraut wächst: Aber für sie war weder Ruhe noch Rast. Und als sie gegen die offene Kirchentür hin tanzte, sah sie dort einen Engel in langen, weißen Kleidern, mit Flügeln, die ihm von den Schultern bis zur Erde reichten; sein Antlitz war streng und ernst und in der Hand hielt er ein Schwert, breit und glänzend.

„Tanzen sollst du!", sagte er, „tanzen auf deinen roten Schuhen, bis du bleich und kalt wirst, bis deine Haut zu einem Gerippe zusammenschrumpft! Tanzen sollst du von Tür zu Tür; und wo stolze hochmütige Kinder wohnen, sollst du anklopfen, so dass sie dich hören und fürchten! Tanzen sollst du, tanzen – – !"

„Gnade!", rief Karen. Aber sie hörte nicht, was der Engel erwiderte, denn die Schuhe trugen sie durch die Tür auf das Feld, über Weg und über Steg, und immer musste sie tanzen.

Eines Morgens tanzte sie an einer Tür vorbei, die sie gut kannte; drinnen tönte Psalmengesang; ein Sarg wurde herausgetragen, der mit Blumen geschmückt war; da wusste sie, dass die alte Dame gestorben war, und nun fühlte sie, dass sie von allen verlassen und von Gottes Engel verdammt sei.

Sie tanzte und musste tanzen, tanzen in der finstern Nacht. Die Schuhe trugen sie über Dorn und Stumpf davon; sie riss sich blutig; sie tanzte über die Heide dahin nach einem kleinen, einsamen Hause. Hier, wusste sie, wohnte der Scharfrichter; und sie

klopfte mit den Fingern an die Scheiben und sagte:

„Komm heraus! – Komm heraus! – Ich kann nicht hinein kommen, denn ich muss tanzen!"

Und der Scharfrichter sagte: „Du weißt wohl nicht, wer ich bin. Ich schlage den bösen Menschen den Kopf ab und ich merke, meine Axt klingt!"

„Schlage mir den Kopf nicht ab!", sagte Karen, „denn sonst kann ich meine Sünde nicht bereuen! Aber schlage meine Füße mit den roten Schuhen ab!"

Und darauf bekannte sie ihre ganze Sünde und der Scharfrichter hieb ihr die Füße mit den roten Schuhen ab; aber die Schuhe tanzten mit den kleinen Füßen über das Feld dahin in den tiefen Wald hinein.

Und er schnitzte ihr Holzfüße mit Krücken, lehrte sie einen Psalm, den die Sünder immer singen, und sie küsste die Hand, die das Beil geführt hatte, und ging über die Heide fort.

„Nun habe ich genug für die roten Schuhe gelitten!", sagte sie. „Nun will ich in die Kirche gehen, damit sie mich sehen können!" Und sie ging rasch auf die Kirchtüre zu; als sie aber dahin kam, tanzten die roten Schuhe vor ihr her, und sie erschrak und kehrte um.

Die ganze Woche hindurch war sie betrübt und weinte viele bittere Tränen; aber als es Sonntag wurde, sagte sie: „Nun habe ich genug gelitten und gestritten! Ich glaube wohl, dass ich ebenso gut bin als manche von denen, die da in der Kirche sitzen und sich brüsten!" Und dann ging sie mutig hin; aber sie kam nicht weiter als bis zur Kirchhofstür, da sah sie die roten Schuhe vor sich her tanzen; und sie entsetzte sich und kehrte um und bereute recht von Herzen ihre Sünde.

Und sie ging zur Pfarrwohnung und bat, dass man sie dort in Dienst nehmen möge; fleißig wolle sie sein und alles tun, was sie könne, auf den Lohn sähe sie nicht, nur dass sie unter Dach käme und bei guten Menschen wäre. Die Predigersfrau hatte Mitleid mit ihr und nahm sie in ihren Dienst. Und sie war fleißig und nachdenkend. Stille saß sie und horchte zu, wenn der Prediger des Abends aus der Bibel laut vorlas. Alle die Kleinen hielten viel von ihr; wenn sie aber von Putz und Pracht und von Schönheit sprachen, dann schüttelte sie mit dem Kopfe.

Am nächsten Sonntage gingen alle zur Kirche; und man fragte sie, ob sie mit wolle; aber sie blickte betrübt, mit Tränen in den Augen, auf ihre Krücken. Und dann gingen die Andern hin, Gottes Wort zu hören, sie aber ging allein in ihre kleine Kammer; die war nur so groß, dass bloß das Bett und ein Stuhl darin stehen konnten. Hier setzte sie sich mit ihrem Gesangbuche hin; und als sie mit frommem Sinn darin las, trug der Wind die Orgeltöne von der Kirche zu ihr herüber; und sie erhob ihr Angesicht mit Tränen und sagte: „O Gott, hilf mir!"

Da schien die Sonne so klar; und gerade vor ihr stand Gottes Engel in den weißen Kleidern; derselbe, den sie in jener Nacht an der Kirchtür erblickt hatte. Aber er hielt nicht mehr das scharfe Schwert, sondern einen herrlichen grünen Zweig, der voll Rosen war; er berührte damit die Decke und sie erhob sich sehr hoch; und wo er sie berührt hatte, glänzte ein goldener Stern. Er berührte die Wände, die erweiterten sich, und sie erblickte die Orgel, welche rauschte; sie sah die alten Bilder mit Predigern und Predigerfrauen; die Gemeindemitglieder saßen in den geputzten Stühlen und sangen aus ihren Gesangbüchern. – Die Kirche war selbst zu dem armen Mädchen in die enge Kammer hineingekommen oder auch sie war dahin gekommen. Sie saß im Stuhle bei den übrigen Leuten des Pfarrers; und als sie den Psalm beendet hatten und aufblickten, nickten sie und sagten: „Das war recht, dass du kamst, Karen!"

„Das war Gnade!", sagte sie.

Die Orgel klang und die Kinderstimmen im Chore tönten weich und lieblich! Der klare Sonnenschein strömte warm durch das Fenster in den Kirchenstuhl, wo Karen saß, hinein, ihr Herz wurde so voll Sonnenschein, Frieden und Freude, dass es brach; ihre Seele flog auf Sonnenstrahlen zu Gott; und dort war niemand, der nach den roten Schuhen fragte.

Der Schweinehirt

Es war einmal ein armer Prinz. Er hatte ein Königreich, das war ganz klein; aber es war allemal groß genug, um darauf zu heiraten, und heiraten, das wollte er.

Nun war es natürlich recht keck von ihm, dass er zur Tochter des Kaisers zu sagen wagte: „Willst du mich haben?" Aber er durfte es wagen, denn sein Name war weit und breit berühmt; es gab Hunderte von Prinzessinnen, die nur zu gerne ja gesagt hätten, aber ob sie es wohl tat? Nun, wir werden hören:

Auf dem Grabe von des Prinzen Vater wuchs ein Rosenstrauch, oh, was für ein herrlicher Rosenstrauch! Er blühte nur jedes

fünfte Jahr und dann trug er nur eine einzige Rose – aber was war das für eine Rose! Sie duftete so süß, dass man all seine Sorgen und all seinen Kummer vergaß, wenn man an ihr roch. Und dann hatte er eine Nachtigall, die konnte singen, als ob alle schönen Melodien in ihrer kleinen Kehle wohnten. Diese Rose und diese Nachtigall sollte die Prinzessin haben, und deshalb kamen beide in große Silberfutterale und wurden ihr so zugesandt.

Der Kaiser ließ sie vor sich her in den großen Saal tragen, wo die Prinzessin ging

und „Es kommt Besuch" mit ihren Hofdamen spielte; und als sie die großen Futterale mit den Geschenken darin sah, klatschte sie in die Hände vor Freude.

„Wenn es doch eine kleine Miezekatze wäre!", sagte sie – aber dann kam die schöne Rose zum Vorschein.

„Nein, wie ist sie niedlich gemacht!", sagten alle Hofdamen.

„Sie ist mehr als niedlich!", sagte der Kaiser, „sie ist hübsch!"

Aber die Prinzessin befühlte sie und war den Tränen nahe.

„Pfui Papa!", sagte sie, „sie ist kein Kunstwerk, sie ist wirklich!"

„Pfui!", sagten alle Hofleute, „sie ist wirklich!"

„Lasst uns erst sehen, was in dem anderen Futteral ist, bevor wir böse werden!", meinte der Kaiser; da kam die Nachtigall hervor und sie sang dann so schön, dass man nicht gleich etwas Böses über sie sagen konnte.

„Superbe! Charmant!", sagten die Hofdamen, denn sie sprachen alle französisch, die eine ärger als die andere.

„Wie der Vogel mich an der hochseligen Kaiserin Spieldose erinnert!", sagte ein alter Kavalier, „ach ja! Es ist ganz derselbe Ton, derselbe Vortrag!"

„Ja", sagte der Kaiser und dann weinte er wie ein kleines Kind.

„Ich will doch nicht hoffen, dass er wirklich ist!", sagte die Prinzessin.

„Doch, es ist ein wirklicher Vogel!", sagten die, die ihn gebracht hatten.

„Dann lasst den Vogel fliegen", sagte die Prinzessin und wollte auf keinen Fall erlauben, dass der Prinz zu ihr komme.

Der aber ließ sich nicht einschüchtern; er beschmierte sich das Gesicht braun und schwarz, zog die Mütze tief in die Stirn und klopfte an: „Guten Tag, Kaiser!" sagte er, „könnte ich nicht hier auf dem Schloss in Dienst treten?"

„Ja nun, es gibt hier viele, die das wollen!", sagte der Kaiser; „aber lass mich sehen! – ich bräuchte jemanden, der Schweine hüten kann, denn Schweine haben wir viele!"

Und dann wurde der Prinz als kaiserlicher Schweinehirt angestellt. Er bekam eine kleine schlechte Kammer unten beim Schweinestall und hier musste er bleiben; aber den ganzen Tag saß er und arbeitete, und als es Abend war, hatte er einen hübschen kleinen Topf gemacht; rund um den Topf waren Schellen, und sobald er kochte, läuteten sie so schön und spielten die alte Melodie:

„Ach, du lieber Augustin,
Alles ist hin, hin, hin!"

Aber das Allerkunstvollste war, dass wenn man die Finger in den Dampf des Topfes hielt, man gleich riechen konnte, welche Speisen auf jedem Herd in der ganzen Stadt gekocht wurden; das war nun wahrlich etwas anderes als eine Rose.

Nun kam die Prinzessin mit allen ihren Hofdamen vorbeispaziert, und als sie die Melodie hörte, blieb sie stehen und sah vergnügt aus, denn auch sie konnte „Ach, du lieber Augustin!" spielen; es war die einzige Melodie, die sie konnte, aber sie spielte sie nur mit einem Finger. „Das ist ja das, was ich spielen kann!", sagte sie; „dann muss das aber ein gebildeter Schweinehirt sein! Höre, geh hinein und frage ihn, was das Instrument kostet!"

Und da musste eine von den Hofdamen hineingehen, aber sie zog dazu Holzschuhe an. „Was willst du für den Topf haben?", fragte die Hofdame.

„Ich will zehn Küsse von der Prinzessin haben!", sagte der Schweinehirt.

„Gott bewahre!", sagte die Hofdame.

„Ja, weniger dürfen es nicht sein!", sagte der Schweinehirt.

„Na, was sagt er?", fragte die Prinzessin.

„Das wage ich nicht zu sagen!", sagte die Hofdame, „das ist so hässlich!"

„Dann kannst du es flüstern!"

Und dann flüsterte sie.

„Er ist ja unanständig!", sagte die Prinzessin und ging gleich – aber als sie ein kleines Stück gegangen war, da klangen die Schellen so schön:

„Ach, du lieber Augustin,
Alles ist hin, hin, hin!"

„Höre", sagte die Prinzessin, „frage ihn, ob er zehn Küsse von meinen Hofdamen haben will!"

„Danke, nein!", sagte der Schweinehirt, „zehn Küsse von der Prinzessin oder ich behalte meinen Topf!"

„Langsam wird mir das aber fad!", sagte die Prinzessin, „aber ihr müsst vor mir stehen, damit niemand es zu sehen bekommt!"

Und die Hofdamen stellten sich vor ihr auf und dann breiteten sie ihre Röcke aus und dann bekam der Schweinehirt zehn Küsse und sie bekam den Topf.

Na, das war ein Vergnügen! Den ganzen Abend und den ganzen Tag musste der Topf kochen; es gab nicht einen Herd in der ganzen Stadt, von dem sie nicht wussten, was auf ihm gekocht wurde, sowohl beim Kammerherrn als auch beim Schuhmacher. Die Hofdamen tanzten und klatschten in die Hände.

„Wir wissen, wer Obstsuppe und Pfannkuchen bekommt! Wir wissen, wer Grütze und Karbonade essen wird! Wie interessant das ist!"

„Höchst interessant!", sagte die Oberhofmeisterin.

„Ja, aber haltet fein den Mund, denn ich bin des Kaisers Tochter!"

„Gott bewahr uns!", sagten sie alle.

Der Schweinehirt – das heißt der Prinz, aber sie wussten es ja nicht besser, als dass er ein Schweinehirt war – ließ keinen Tag verstreichen, ohne etwas zu tun, und so machte er eine Ratsche; wenn er sie herumschwang, erklangen alle die Walzer, Hopser und Polkas, die man seit Erschaffung der Welt kannte.

„Aber das ist superbe!", sagte die Prinzessin, als sie vorbeiging. „Ich habe nie eine schönere Komposition gehört! Höre, geh hinein und frage ihn, was das Instrument kostet; aber ich küsse ihn nicht mehr!"

„Er will hundert Küsse von der Prinzessin haben", sagte die Hofdame, die hineingegangen war, um zu fragen.

„Er ist wohl verrückt!", sagte die Prinzessin und dann ging sie; aber als sie ein kleines

Stück gegangen war, blieb sie stehen. „Man muss die Kunst ermuntern!", sagte sie, „ich bin des Kaisers Tochter! Sag ihm, er soll zehn Küsse bekommen so wie gestern, den Rest kann er von meinen Hofdamen bekommen!"

„Ja, aber wir möchten so ungern!", sagten die Hofdamen.

„Gewäsch!", sagte die Prinzessin, „und wenn ich ihn küssen kann, dann könnt ihr es auch tun! Bedenkt, ich gebe euch Kost und Lohn!" Und dann musste die Hofdame wieder hinein zu ihm.

„Hundert Küsse von der Prinzessin", sagte er, „oder jeder behält das seine."

„Stellt euch davor!", sagte sie und dann stellten sich alle Hofdamen vor sie, und dann küsste sie.

„Was mag das für ein Auflauf sein dort unten beim Schweinestall!", sagte der Kaiser, der auf den Altan herausgetreten war; er rieb sich die Augen und setzte die Brille auf. „Das sind ja die Hofdamen, die da ihr Spiel treiben! Ich muss wohl zu ihnen hinunter

kommen!" – Und dann zog er seine Pantoffeln hinten hoch, denn es waren Schuhe, die er niedergetreten hatte.

Potztausend, wie er sich beeilte!

Sobald er in den Hof hinunter kam, ging er ganz leise, und die Hofdamen waren so damit beschäftigt, die Küsse zu zählen, damit es ehrlich zugehen konnte und er nicht zu viele bekam, aber auch nicht zu wenige, dass sie den Kaiser gar nicht bemerkten. Er stellte sich auf die Zehenspitzen.

„Was ist denn das!", sagte er, als er sah, dass sie sich küssten; und dann schlug er sie mit dem Pantoffel auf den Kopf, gerade als der Schweinehirt den sechsundachtzigsten Kuss bekam. „Macht, dass ihr fortkommt!", sagte der Kaiser, denn er war wütend, und sowohl die Prinzessin wie auch der Schweinehirt wurden aus seinem Kaiserreich verbannt.

Da stand sie nun und weinte; der Schweinehirt schimpfte und der Regen prasselte herunter.

„Ach, ich elendes Geschöpf!", sagte die Prinzessin, „hätte ich doch den schönen Prinzen genommen! Ach, wie bin ich unglücklich!"

Und der Schweinehirt ging hinter einen Baum, wischte das Schwarze und Braune aus dem Gesicht, warf die hässlichen Kleider ab und trat nun in seinem Prinzengewand hervor, so schön, dass sich die Prinzessin verneigen musste.

„Ich bin so weit gekommen, dass ich dich verachte!", sagte er. „Du wolltest einen ehrlichen Prinzen nicht haben! Du verstandest dich nicht auf die Rose und die Nachtigall, aber den Schweinehirten, den konntest du für sein Spielwerk küssen; nun lebe wohl!"

Und dann ging er in sein Königreich hinein, schloss die Türe hinter sich zu und schob den Riegel vor. Da konnte sie nun wahrlich draußen stehen und singen:

„Ach, du lieber Augustin,
Alles ist hin, hin, hin!"

Das kleine Mädchen mit den Schwefelhölzern

Es war entsetzlich kalt; es schneite und der Abend dunkelte bereits; es war der letzte Abend des Jahres, Silvester. In dieser Kälte und Finsternis ging auf der Straße ein kleines armes Mädchen mit bloßem Kopf und nackten Füßen. Als es das Haus verlassen hatte, hatte es freilich Pantoffeln angehabt. Aber was half das! Es waren sehr große Pantoffeln, die ihre Mutter früher getragen hatte; so groß waren sie, dass die Kleine sie verloren hatte, als sie über die Straße eilte, während zwei Wagen in rasender Eile vorüberjagten; der eine Pantoffel war nicht wiederzufinden und mit dem anderen machte sich ein Junge auf und davon; der meinte, er wolle ihn als Wiege gebrauchen, wenn er selbst einmal Kinder habe.

Da ging nun das kleine Mädchen auf zierlichen nackten Füßchen, die vor Kälte ganz rot und blau waren. In ihrer alten Schürze trug sie eine Menge Schwefelhölzchen, und ein Bund davon hielt sie in der Hand. Den ganzen Tag lang hatte ihr niemand etwas abgekauft, niemand nur einen

Groschen geschenkt. Hungrig und frierend schleppte sich die arme Kleine weiter und sah schon ganz verzagt und verschüchtert aus. Die Schneeflocken fielen auf ihr langes blondes Haar, das in schönen Locken ihren Nacken hinabfloß, aber daran dachte sie nun wahrlich nicht. Aus allen Fenstern strahlte heller Lichterglanz und durch die Straßen zog der Geruch von köstlichem Gänsebraten. Denn es war ja Silvesterabend und dieser Gedanke erfüllte alle Sinne des kleinen Mädchens.

In einem Winkel zwischen zwei Häusern, von denen das eine etwas weiter in die Straße vorsprang als das andere, kauerte es sich hin. Seine kleinen Beinchen hatte es an sich gezogen, aber es fror nur noch mehr und wagte es dennoch nicht, nach Hause zu gehen. Es hatte ja noch kein Bund Streichhölzer verkauft, nicht einen Groschen bekommen. Gewiß hätte es vom Vater Prügel bekommen, und kalt war es zu Hause ja auch; über sich hatten sie das bloße Dach und der Wind pfiff schneidend hinein, obwohl Stroh

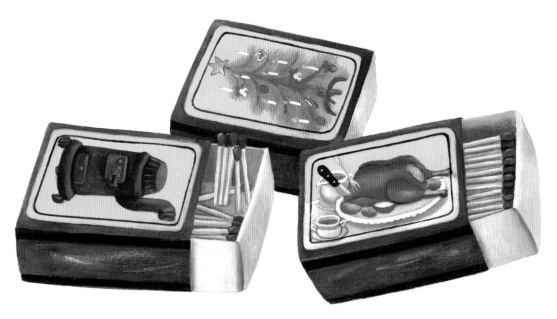

und Lumpen in die größten Ritzen gestopft waren.

Die Hände waren beinahe starr vor Kälte. Ach, wie gut musste ein Schwefelhölzchen tun! Wenn es nur wagen dürfte, eins aus dem Bund herauszunehmen, es gegen die Wand zu streichen und die Finger daran zu wärmen! Endlich zog das Kind eines heraus. Ritsch! wie sprühte es, wie brannte es! Es war eine warme helle Flamme, als es das Händchen darüber hielt. Es war ein wundervolles Licht; es kam dem kleinen Mädchen vor, als säße es vor einem großen eisernen Ofen mit Messingbeschlägen und Verzierungen; das Feuer brannte so schön und wärmte so wohltuend! Die Kleine streckte schon die Füße aus, um auch diese zu wärmen – da erlosch die Flamme; der Ofen verschwand und das Mädchen saß da mit einem Stümpchen abgebrannten Schwefelholzes in der Hand.

Ein neues wurde angestrichen, es brannte, es leuchtete, und wo der Schein auf die Mauer fiel, da wurde diese so durchsichtig wie Gaze. Die Kleine sah geradewegs in die Stube hinein, wo der Tisch mit einem schneeweißen Tischtuch und feinem Porzellan gedeckt stand, und köstlich dampfte darauf die gebratene, mit Pflaumen und Äpfeln gefüllte Gans. Und was noch herrlicher war, die Gans sprang aus der Schüssel und watschelte mit Gabel und Messer im Rücken über den Fußboden schnurstracks auf das arme Mädchen zu. Da erlosch das Schwefelholz und nur die dicke kalte Mauer war zu sehen.

Sie zündete ein neues Hölzchen an. Da saß die Kleine unter dem herrlichsten Weihnachtsbaum; er war noch größer und noch reicher ausgeputzt als der, den sie am Heiligabend bei dem reichen Kaufmann durch die Glastür hindurch gesehen hatte. Tausende von Lichtern brannten auf den grünen Zweigen, und bunte Bilder, solche wie man sie in Schaufenstern sehen konnte, schauten

auf sie herab; die Kleine streckte beide Hände nach ihnen aus – da erlosch das Schwefelhölzchen. Die vielen Weihnachtslichter stiegen höher und höher, und sie sah sie jetzt als helle Sterne am Himmel; einer von ihnen fiel herab und zog einen langen Feuerschweif über den Himmel.

„Jetzt stirbt jemand!", sagte die Kleine, denn die alte Großmutter, die einzige, die ihr gut gewesen war, aber nun schon lange verstorben war, hatte ihr erzählt: „Wenn ein Stern fällt, steigt eine Seele zu Gott empor!"

Sie strich wieder ein Hölzchen gegen die Mauer; es warf einen weiten Lichtschein ringsumher und in dessen Glanz stand die alte Großmutter, hell beleuchtet, mild und liebevoll.

„Großmutter!", rief die Kleine, „oh, nimm mich mit! Ich weiß, du wirst fort sein, sobald das Schwefelholz erlischt, gehst fort wie der warme Kachelofen, der köstliche Gänsebraten und der große flimmernde Weihnachtsbaum!" Schnell strich sie den ganzen Rest der Schwefelhölzer an, die noch in dem Bund waren, denn sie wollte die Großmutter festhalten; und die Schwefelhölzer verbreiteten einen solchen Glanz, dass es heller war als am hellichten Tag. Nie war die Großmutter so schön, so groß gewesen; sie nahm das kleine Mädchen in die Arme, und in Glanz und Freude schwebten sie hoch und höher empor; Kälte, Hunger und Angst wichen von ihr – sie war bei Gott.

Aber im Winkel am Hause saß in der kalten Morgenstunde ein kleines Mädchen mit roten Wangen, mit einem Lächeln um den Mund – tot, erfroren am letzten Tage des alten Jahres. Der Morgen des neuen Jahres ging über dem toten Kind auf, das dort mit Schwefelhölzern saß, von denen ein ganzer Bund abgebrannt war. „Sie hat sich wärmen wollen!", sagte man. Niemand wusste, was sie Schönes gesehen hatte, in welchem Glanze sie mit der alten Großmutter in die Neujahrsfreude eingegangen war.

Die kleine Meerjungfrau

Weit draußen im Meere ist das Wasser so blau wie die Blätter der schönsten Kornblume und so klar wie das reinste Glas. Aber es ist sehr tief, tiefer als irgendein Ankertau reicht; viele Kirchtürme müssten aufeinander gestellt werden, um vom Boden bis über das Wasser zu reichen. Dort unten wohnt das Meervolk.

Nun muss man aber nicht glauben, dass da nur der nackte, weiße Sandboden sei; nein, da wachsen die sonderbarsten Bäume und Pflanzen; die so geschmeidig im Stiele und in den Blättern sind, dass sie sich bei der geringsten Bewegung des Wassers rühren, als ob sie lebten. Alle kleinen und großen Fische schlüpfen zwischen den Zweigen hindurch, wie hier oben die Vögel durch die Bäume. An der tiefsten Stelle liegt des Meerkönigs Schloss; die Mauern sind von Korallen und die langen Spitzbogenfenster vom klarsten Bernstein; aber das Dach bilden Muschelschalen, die sich öffnen und schließen, je nachdem wie das Wasser strömt. Es sieht herrlich aus, denn in jeder liegen strahlende Perlen; eine einzige davon würde großen Wert in der Krone einer Königin haben.

Der Meerkönig dort unten war seit vielen Jahren Witwer, während seine alte Mutter bei ihm wirtschaftete. Sie war eine kluge Frau, aber stolz auf ihren Adel; deshalb trug sie zwölf Austern auf dem Schwanze, die andern Vornehmen aber durften nur sechs tragen. – Sonst verdiente sie großes Lob, besonders, weil sie viel auf die kleinen Meerprinzessinnen, ihre Enkelinnen, hielt. Es waren sechs schöne Kinder, aber die jüngste war die Schönste von allen, ihre Haut so klar und so fein wie ein Rosenblatt, ihre Augen so blau wie die tiefste See; aber ebenso wie die andern hatte sie keine Füße; der Körper endete in einen Fischschwanz.

Den ganzen Tag konnten sie unten im Schlosse, in den großen Sälen, wo lebendige Blumen aus den Wänden hervorwuchsen, spielen. Die großen Bernsteinfenster wurden aufgemacht und dann schwammen die Fische zu ihnen herein, wie bei uns die Schwalben hereinfliegen, wenn wir die Fenster aufmachen; doch die Fische schwammen zu den Prinzessinnen hin, fraßen aus ihren Händen und ließen sich streicheln.

Draußen vor dem Schlosse war ein großer Garten mit feuerroten und dunkelblauen Blumen; die Früchte strahlten wie Gold und die Blumen wie brennendes Feuer, indem sie fortwährend Stängel und Blätter bewegten. Die Erde selbst war der feinste Sand, aber blau wie die Schwefelflamme. Über dem Ganzen lag ein eigentümlich blauer Schein; man hätte eher glauben mögen, dass man hoch in der Luft stehe und nur Himmel über und unter sich habe, als dass man auf dem Grunde des Meeres sei. Während der Windstille konnte man die Sonne erblicken; sie erschien wie eine Purpurblume, aus deren Kelche alles Licht strömte.

Eine jede der kleinen Prinzessinnen hatte ihren Platz im Garten, wo sie graben und pflanzen konnte, wie es ihr gefiel. Die eine gab ihrem Blumenfleck die Gestalt eines Walfisches; einer andern gefiel es besser, dass der ihrige einem kleinen Meerweibe gleiche; aber die Jüngste machte den ihrigen rund, der Sonne gleich, und hatte Blumen, die rot wie diese schienen. Sie war ein sonderbares Kind, still und nachdenkend; und wenn die andern Schwestern mit den merkwürdigsten Sachen, welche sie von gestrandeten Schiffen erhalten hatten, prunkten, wollte sie außer den rosenroten Blumen, die der Sonne dort oben glichen, nur eine hübsche Marmorstatue haben. Dies war ein herrlicher Knabe, aus weißem klaren Stein gehauen, der beim Stranden auf den Meeresgrund gekommen war. Sie pflanzte bei der Statue eine rosenrote Trauerweide, die wuchs herrlich und hing mit ihren frischen Zweigen über derselben gegen den blauen Sandboden herunter, wo der Schatten sich violett zeigte und gleich den Zweigen in Bewegung war; es sah aus, als ob die Spitze und die Wurzeln miteinander spielten, als wollten sie sich küssen.

Es gab keine größere Freude für sie, als von der Menschenwelt zu hören. Die Großmutter musste alles, was sie von Schiffen und Städten, Menschen und Tieren wusste, erzählen; hauptsächlich erschien ihr besonders schön, dass oben auf der Erde die Blumen dufteten, denn das taten sie auf dem Grunde des Meeres nicht, und dass die Wälder grün wären und dass die Fische, die man dort zwischen den Bäumen erblickte, laut und herrlich singen könnten, dass es eine Lust sei. Es waren die kleinen Vögel, welche die Großmutter Fische nannte, denn sonst konnten sie sie nicht verstehen, da sie noch keinen Vogel gesehen hatten.

„Wenn ihr euer fünfzehntes Jahr erreicht habt", sagte die Großmutter, „dann sollt ihr die Erlaubnis erhalten, aus dem Meere emporzutauchen, im Mondscheine auf der Klippe zu sitzen und die großen Schiffe vorbeisegeln zu sehen. Wälder und Städte werdet ihr dann erblicken!" In dem kommenden Jahre war die eine der Schwestern fünfzehn Jahre alt, aber von den andern war die eine immer ein Jahr jünger als die andere; die jüngste von ihnen hatte demnach noch volle fünf Jahre zu warten, bevor sie von dem Grunde des Meeres hinaufkommen und sehen konnte, wie es bei uns aussehe. Aber die eine versprach der andern zu erzählen, was sie erblickt und was sie am ersten Tage am schönsten gefunden habe; denn ihre Großmutter erzählte ihnen nicht genug; da war so vieles, worüber sie Auskunft haben wollten.

Keine war sehnsüchtiger als die Jüngste, gerade sie, die noch die längste Zeit zu warten hatte und die stets still und gedankenvoll war. Manche Nacht stand sie am offenen Fenster und sah durch das dunkelblaue Wasser empor, wie die Fische mit ihren Flossen und Schwänzen plätscherten. Mond und Sterne konnte sie sehen; freilich schienen diese ganz bleich, aber durch das Wasser sahen sie größer aus als vor unsern Augen. Zog dann etwas, einer schwarzen Wolke gleich, unter ihnen hin, so wusste sie, dass es entweder ein Walfisch sei, der über ihr schwamm, oder ein Schiff mit vielen Menschen; die dachten sicher nicht daran, dass eine liebliche, kleine Meerjungfrau unten stehe und ihre weißen Hände gegen den Kiel emporstrecke.

Nun war die älteste Prinzessin fünfzehn Jahre alt und durfte über die Meeresfläche emporsteigen.

Als sie zurückkam, hatte sie Hunderterlei zu erzählen, aber das schönste, sagte sie, sei, im Mondschein auf einer Sandbank in der ruhigen See zu liegen und die nahegelegene Küste mit der großen Stadt zu betrachten, wo die Lichter gleich hundert Sternen blinken, die Musik, das Lärmen und Toben von Wagen und Menschen zu hören, die vielen Kirchtürme zu sehen und das Läuten der Glocken zu vernehmen.

O wie horchte die jüngste Schwester auf, und wenn sie später abends am offenen Fenster stand und durch das dunkelblaue Wasser emporblickte, gedachte sie der großen Stadt mit dem Lärmen und Toben; dann glaubte sie die Kirchenglocken bis zu sich herunter läuten hören zu können.

Im folgenden Jahre erhielt die zweite Schwester die Erlaubnis, aus dem Wasser emporzusteigen und zu schwimmen, wohin sie wolle. Sie tauchte auf, als die Sonne unterging, und dieser Anblick, fand sie, sei das Schönste. Der ganze Himmel habe wie Gold ausgesehen und die Schönheit der Wolken konnte sie nicht genug beschreiben. Rot und violett waren sie über ihr dahingesegelt, aber weit schneller als diese flog, einem langen weißen Schleier gleich, ein Schwarm wilder Schwäne über das Wasser hin, wo die Sonne stand. Sie schwamm derselben entgegen, aber die Sonne sank und der Rosenschein erlosch auf der Meeresfläche und in den Wolken.

Das Jahr darauf kam die dritte Schwester hinauf. Sie war die dreisteste von allen, deshalb schwamm sie einen breiten Fluss, der in das Meer mündete, aufwärts. Herrliche, grüne Hügel mit Weinranken erblickte sie; Schlösser und Burgen schimmerten aus prächtigen Wäldern hervor; sie hörte, wie alle Vögel sangen; und die Sonne schien so warm, dass sie oft unter das Wasser tauchen musste, um ihr brennendes Antlitz abzukühlen. In einer kleinen Bucht traf sie einen Schwarm kleiner Menschenkinder. Diese waren völlig nackt und plätscherten im Wasser; sie wollte mit ihnen spielen, aber die flohen erschrocken davon, und es kam ein kleines, schwarzes Tier, ein Hund – aber sie hatte nie einen Hund gesehen – der bellte sie so schrecklich an, dass sie ängstlich die offene See zu erreichen suchte. Doch

nie konnte sie die prächtigen Wälder, die grünen Hügel und niedlichen Kinder vergessen, die im Wasser schwimmen konnten, obgleich sie keinen Fischschwanz hatten.

Die vierte Schwester war nicht so dreist; sie blieb draußen im wilden Meere und erzählte, dass es dort am schönsten sei. Man sehe ringsumher viele Meilen weit und der Himmel stehe wie eine Glasglocke darüber. Schiffe hatte sie gesehen, aber nur aus weiter Ferne, die sahen wie Möwen aus; die possierlichen Delfine hatten Purzelbäume geschlagen und die großen Walfische aus ihren Nasenlöchern Wasser empor gespritzt, so dass es ausgesehen hatte wie Hunderte von Springbrunnen ringsumher.

Nun kam die Reihe an die fünfte Schwester; ihr Geburtstag war im Winter und deshalb erblickte sie, was die Andern das erste Mal nicht gesehen hatten. Die See sah ganz grün aus und ringsumher schwammen große Eisberge; ein jeder erschien wie eine Perle, sagte sie, und war doch weit größer als die Kirchtürme, welche die Menschen bauen. Sie zeigten sich in den sonderbarsten Gestalten und glänzten wie Diamanten. Sie hatte sich auf einen der größten gesetzt und alle Segler kreuzten erschrocken draußen herum, wo sie saß und den Wind mit ihrem langen Haare spielen ließ. Aber gegen Abend wurde der Himmel mit Wolken überzogen; es blitzte und donnerte, während die schwarze See die großen Eisblöcke hoch emporhob und sie im roten Blitze erglänzen ließ. Auf allen Schiffen raffte man die Segel ein; da war eine Angst und ein Grauen. Aber sie saß ruhig auf ihrem schwimmenden Eisberge und sah die blauen Blitzstrahlen im Zickzack in die schimmernde See fahren.

Das erste Mal, wenn eine der Schwestern über das Wasser emporkam, war eine jede entzückt über das Neue und Schöne, was sie erblickte; aber da sie nun, als erwachsene Mädchen, die Erlaubnis hatten, hinaufzusteigen, wenn sie wollten, wurde es ihnen gleichgültig. Sie sehnten sich wieder zurück und nach Verlauf eines Monats sagten sie, dass es unten bei ihnen am schönsten sei; da sei man so hübsch zu Hause.

In mancher Abendstunde fassten die fünf Schwestern einander an den Armen und stiegen in einer Reihe über das Wasser auf; herrliche Stimmen hatten sie, schöner denn irgendein Mensch; und wenn dann ein Sturm im Anzuge war, so dass sie vermuten konnten, es würden Schiffe untergehen, schwammen sie vor den Schiffen her und sangen so lieblich, wie schön es auf dem Grunde des Meeres sei, und baten die Seeleute, sich nicht zu fürchten, da hinunter zu kommen. Aber die konnten die Worte nicht verstehen und glaubten, es sei der Sturm; sie bekamen auch die Herrlichkeit dort unten nicht zu sehen, denn wenn das Schiff sank, ertranken die Menschen und kamen als Leichen zu des Meerkönigs Schlosse.

Wenn die Schwestern so des Abends, Arm in Arm, hoch durch das Wasser hinaufstiegen, dann stand die kleinste Schwester allein und sah ihnen nach; und es war ihr, als ob sie weinen müsste; aber die Meerjungfrau hat keine Tränen und darum leidet sie weit mehr.

„Ach, wäre ich doch fünfzehn Jahre alt!", sagte sie. „Ich weiß, dass ich die Welt dort oben und die Menschen, die darauf wohnen und hausen, recht lieben werde."

Endlich war sie denn fünfzehn Jahre alt.

„Sieh, nun bist du erwachsen!", sagte die Großmutter, die alte Königswitwe. „Komm nun, lass mich dich schmücken, gleich deinen andern Schwestern!" Sie setzte ihr einen Kranz weißer Lilien auf das Haar; aber jedes Blatt in der Blume war die Hälfte einer Perle; und die Alte ließ acht große Austern im Schweife der Prinzessin sich festklemmen, um ihren hohen Rang zu zeigen.

„Das tut so weh!", sagte die kleine Meerjungfrau.

„Ja, Hoffart muss Zwang leiden!", sagte die Alte.

O, sie hätte so gern alle diese Pracht abschütteln und den schweren Kranz ablegen mögen: Ihre roten Blumen im Garten kleideten sie besser; aber sie konnte es nun nicht ändern. „Lebt wohl!", sprach sie und stieg dann leicht und klar, gleich einer Blase, aus dem Wasser auf.

Die Sonne war eben untergegangen, als sie den Kopf über das Wasser erhob; aber alle Wolken glänzten noch wie Rosen und Gold; und inmitten der bleichroten Luft strahlte der Abendstern so hell und schön; die Luft war mild und frisch und das Meer ruhig. Da lag ein großes Schiff mit drei Masten; nur ein einziges Segel war aufgezogen, denn es regte sich kein Lüftchen; und ringsumher im Tauwerk und auf den Rahen saßen die Matrosen. Da war Musik und Gesang, und als es dunkelte, wurden

Hunderte von bunten Laternen angezündet, die sahen aus, als ob aller Nationen Flaggen in der Luft wehten. Die kleine Meerjungfrau schwamm bis zum Kajütenfenster, und jedes Mal, wenn das Wasser sie emporhob, konnte sie durch die spiegelhellen Fensterscheiben hineinblicken, wo viele geputzte Menschen standen. Aber der schönste war doch der junge Prinz mit den großen,

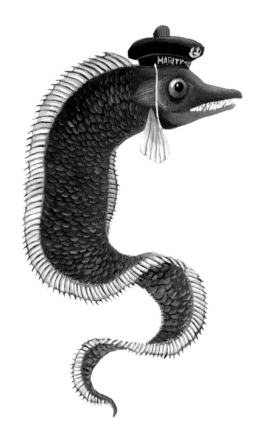

schwarzen Augen; er war sicher nicht viel über sechzehn Jahre alt; es war sein Geburtstag und deshalb herrschte all diese Pracht. Die Matrosen tanzten auf dem Verdeck; und als der junge Prinz hinaustrat, stiegen über hundert Raketen in die Luft, die leuchteten wie der helle Tag, so dass die kleine Meerjungfrau sehr erschrak und unter das Wasser tauchte; aber sie streckte bald den Kopf wieder hervor und da war es, als ob alle Sterne des Himmels zu ihr herunterfielen. Nie

hatte sie solche Feuerkünste gesehen! Große Sonnen sprühten umher, prächtige Feuerfische flogen in die blaue Luft und alles spiegelte sich in der klaren, stillen See. Auf dem Schiffe selbst war es so hell, dass man jedes kleine Tau, wie viel mehr also die Menschen sehen konnte. O, wie schön war doch der junge Prinz! Er drückte den Leuten die Hand und lächelte, während die Musik in der herrlichen Nacht erklang.

Es wurde spät, aber die kleine Meerjungfrau konnte ihre Augen nicht von dem Schiffe und von dem schönen Prinzen wegwenden. Die bunten Laternen wurden ausgelöscht, Raketen stiegen nicht mehr in die Höhe, es ertönten auch keine Kanonenschüsse mehr; aber tief unten im Meere summte und brummte es, inzwischen saß sie auf dem Wasser und schaukelte auf und nieder, so dass sie in die Kajüte hineinblicken konnte. Aber das Schiff bekam mehr Fahrt; ein Segel nach dem andern breitete sich aus; nun gingen die Wogen stärker; große Wolken zogen auf; es blitzte in der Ferne. O, es wird ein böses Wetter werden! Deshalb zogen die Matrosen die Segel ein. Das große Schiff schaukelte in fliegender Fahrt auf der wilden See; das Wasser erhob sich wie große, schwarze Berge, die über die Masten rollen wollten; aber das Schiff tauchte wie ein Schwan zwischen den hohen Wogen nieder und ließ sich wieder auf die hochgetürmten Wasser heben. Der kleinen Meerjungfrau dünkte es eine recht lustige Fahrt zu sein, aber so erschien es den Seeleuten nicht; das Schiff knackte und krachte; die dicken Planken bogen sich bei den starken Stößen; die See stürzte in das Schiff hinein; der Mast brach mitten durch, als ob es ein Rohr wäre, und das Schiff legte sich auf die Seite, während das Wasser in den Raum eindrang. Nun sah die kleine Meerjungfrau, dass sie in Gefahr waren; sie musste sich selbst vor den Balken und Stücken vom Schiffe, die auf dem Wasser trieben, in Acht nehmen.

Einen Augenblick war es so finster, dass sie nicht das Mindeste sah; aber wenn es dann blitzte, wurde es wieder so hell, dass sie alle auf dem Schiffe erkennen konnte; besonders suchte sie den jungen Prinzen, und sie sah ihn, als das Schiff sich teilte, in das tiefe Meer versinken. Sogleich wurde sie ganz vergnügt, denn nun kam er zu ihr hinunter. Aber da gedachte sie, dass die Menschen nicht im Wasser leben können und dass er nicht anders als tot zum Schlosse ihres Vaters hinuntergelangen könnte. Nein, sterben durfte er nicht; deshalb schwamm sie hin zwischen Balken und Planken, die auf der See trieben, und vergaß völlig, dass diese sie hätten zerquetschen können. Sie tauchte tief unter das Wasser und stieg wieder hoch zwischen den Wogen empor und gelangte am Ende so zu dem Prinzen hin, der nicht länger in der stürmischen See schwimmen konnte. Seine Arme und Beine begannen zu ermatten; die schönen Augen schlossen sich, er hätte sterben müssen, wäre die kleine Meerjungfrau nicht herzugekommen. Sie hielt seinen Kopf über das Wasser empor und ließ sich dann mit ihm von den Wogen treiben, wohin sie wollten.

Am Morgen war das böse Wetter vorüber; von dem Schiffe war kein Span zu erblicken; die Sonne stieg rot und glänzend aus dem Wasser empor; es war, als ob des Prinzen Wangen Leben dadurch erhielten; aber die Augen blieben geschlossen. Die Meerjungfrau küsste seine hohe, schöne Stirn und strich sein nasses Haar zurück, er kam ihr vor wie die Marmorstatue in ihrem kleinen Garten; sie küsste ihn wieder und wünschte, dass er lebte.

Nun erblickte sie vor sich das feste Land, hohe, blaue Berge, auf deren Gipfeln der weiße Schnee glänzte, als wären es Schwäne, die dort lägen. Unten an der Küste waren herrliche, grüne Wälder, und vorn lag eine Kirche oder ein Kloster, das wusste sie nicht recht, aber ein Gebäude war es. Zitronen- und Apfelsinenbäume wuchsen im Garten, und vor dem Tore standen hohe Palmbäume. Die See bildete hier eine kleine Bucht; da war sie still, aber sehr tief; gerade auf die Klippe zu, wo der weiße, feine Sand aufgespült war, schwamm sie mit dem schönen Prinzen, legte ihn in den Sand, sorgte aber besonders dafür, dass der Kopf hoch im warmen Sonnenscheine lag.

Nun läuteten alle Glocken in dem großen, weißen Gebäude und es kamen viele junge Mädchen durch den Garten. Da schwamm die kleine Meerjungfrau weiter hinaus hinter einige hohe Steine, die aus dem Wasser hervorragten, legte Seeschaum auf ihr Haar und ihre Brust, so dass niemand ihr kleines Gesicht sehen konnte, und dann passte sie auf, wer zu dem armen Prinzen kommen würde.

Es währte nicht lange, da kam ein junges Mädchen dorthin; sie schien sehr zu erschrecken; aber nur einen Augenblick; dann holte sie mehrere Menschen, und die Meerjungfrau sah, dass der Prinz zum Leben zurückkam und dass er alle anlächelte. Aber ihr lächelte er nicht zu; er wusste ja auch nicht, dass sie ihn gerettet hatte. Da war sie sehr betrübt, und als er in das große Gebäude hineingeführt wurde, tauchte sie traurig unter das Wasser und kehrte zum Schlosse ihres Vaters zurück.

Immer war sie still und nachdenkend gewesen, aber nun wurde sie es noch weit mehr. Die Schwestern fragten sie, was sie das erste Mal dort oben gesehen habe; aber sie erzählte nichts.

Manchen Abend und Morgen stieg sie hinauf, wo sie den Prinzen verlassen hatte.

Sie sah, wie die Früchte des Gartens reiften und abgepflückt wurden; sie sah, wie der Schnee auf den hohen Bergen schmolz; aber den Prinzen erblickte sie nicht und deshalb kehrte sie immer betrübter heim. Da war es ihr einziger Trost, in ihrem kleinen Garten zu sitzen und die Arme um die schöne Marmorstatue zu schlingen, die dem Prinzen glich; aber ihre Blumen pflegte sie nicht, die wuchsen wie in einer Wildnis über die Gänge hinaus und flochten ihre langen Stiele und Blätter in die Zweige der Bäume hinein, so dass es dort dunkel war.

Zuletzt konnte sie es nicht länger aushalten, sondern sagte es einer ihrer Schwestern; und gleich erfuhren es die andern, aber niemand weiter als diese und einige andere Meerjungfrauen, die es nur ihren nächsten Freundinnen weitersagten. Eine von ihnen wusste, wer der Prinz war; sie hatte auch das Fest auf dem Schiffe gesehen und gab an, woher er war und wo sein Königreich lag.

„Komm, kleine Schwester!", sagten die andern Prinzessinnen und, sich umschlungen haltend, stiegen sie in einer langen Reihe aus dem Meere empor, wo sie wussten, dass des Prinzen Schloss lag.

Dieses war aus einer hellgelben, glänzenden Steinart ausgeführt, mit großen Marmortreppen, deren eine in das Meer hinunterreichte. Prächtig vergoldete Kuppeln erhoben sich über das Dach, und zwischen den Säulen, um das ganze Gebäude herum, standen Marmorbilder, die aussahen, als lebten sie. Durch das klare Glas in den hohen Fenstern blickte man in die prächtigen Säle hinein, wo köstliche Seidengardinen und Teppiche aufgehängt und alle Wände mit großen Gemälden verziert waren, so dass es ein wahres Vergnügen war, es zu betrachten. Mitten in dem größten Saale plätscherte ein großer Springbrunnen; seine Strahlen reichten hoch hinauf gegen die Glaskuppel in der Decke, durch welche die Sonne auf das Wasser und die schönen Pflanzen schien, die im großen Bassin wuchsen.

Nun wusste sie, wo er wohnte, und dort war sie manchen Abend und manche Nacht auf dem Wasser. Sie schwamm dem Lande weit näher, als eine der andern es gewagt hätte; ja, sie ging den schmalen Kanal hinauf, unter den prächtigen Marmoraltan, welcher einen großen Schatten über das Wasser warf. Hier saß sie und betrachtete den jungen Prinzen, der da glaubte, er sei ganz allein in dem hellen Mondscheine.

Sie sah ihn manchen Abend mit Musik in seinem prächtigen Boote segeln, auf dem Flaggen wehten; sie lauschte durch das grüne Schilf hervor, und ergriff der Wind ihren langen silberweißen Schleier und jemand sah ihn, so glaubte er, es sei ein Schwan, der die Flügel ausbreite.

Sie hörte in mancher Nacht, wenn die Fischer mit Fackeln auf der See waren, viel Gutes von dem jungen Prinzen erzählen und es freute sie, dass sie sein Leben gerettet hatte, als er halbtot auf den Wogen umhertrieb; sie dachte daran, wie fest sein Haupt an ihrem Busen geruht und wie herzlich sie ihn da geküsst hatte; aber er wusste nichts davon und konnte nicht einmal von ihr träumen.

Mehr und mehr fing sie an, die Menschen zu lieben; mehr und mehr wünschte sie, unter ihnen umherwandeln zu können, deren Welt ihr weit größer zu sein schien als die ihrige. Sie konnten ja auf Schiffen über das Meer fliegen, auf den hohen Bergen über die Wolken emporsteigen, und die Länder, die sie besaßen, erstreckten sich mit Wäldern und Feldern weiter, als ihre Blicke reichten. Da war so vieles, was sie zu wissen wünschte; aber die Schwestern wussten ihr nicht alles zu beantworten, deshalb fragte sie die Großmutter; diese kannte die höhere Welt recht gut, die sie sehr richtig die Länder über dem Meere nannte.

„Wenn die Menschen nicht ertrinken", fragte die kleine Meerjungfrau, „können sie dann ewig leben? Sterben sie nicht wie wir hier unten im Meere?"

„Ja", sagte die Alte, „sie müssen auch sterben, und ihre Lebenszeit ist sogar noch kürzer als die unsere. Wir können dreihundert Jahre alt werden, aber wenn wir dann aufhören, hier zu sein, so werden wir nur in Schaum auf dem Wasser verwandelt, haben nicht einmal ein Grab hier unten unter unsern Lieben. Wir haben keine unsterbliche Seele, wir erhalten nie wieder Leben; wir sind gleich dem grünen Schilfe: Ist das einmal durchschnitten, so kann es nicht wieder grünen. Die Menschen hingegen haben eine Seele, die ewig lebt, die noch lebt, nachdem der Körper zu Erde geworden ist; sie steigt durch die klare Luft empor, hinauf zu den glänzenden Sternen. So wie wir aus dem Wasser auftauchen und die Länder der Welt erblicken, so steigen sie zu unbekannten herrlichen Orten auf, die wir nie zu sehen bekommen."

„Weshalb bekamen wir keine unsterbliche Seele?", fragte die kleine Meerjungfrau betrübt. „Ich möchte meine Hunderte von Jahren, die ich zu leben habe, dafür geben, um nur einen Tag Mensch zu sein und dann hoffen zu können, Anteil an der himmlischen Welt zu haben."

„Daran darfst du nicht denken!", sagte die Alte. „Wir fühlen uns weit glücklicher und besser wie die Menschen dort oben!"

„Ich werde also sterben und als Schaum auf dem Meere treiben, nicht die Musik der Wogen hören, die schönen Blumen und die rote Sonne sehen? Kann ich denn gar nichts tun, um eine unsterbliche Seele zu gewinnen?"

„Nein!", sagte die Alte. „Nur wenn ein Mensch dich so lieben würde, dass du ihm mehr als Vater und Mutter wärest; wenn er mit all seinem Denken und all seiner Liebe an dir hinge und den Prediger seine rechte Hand in die deinige mit dem Versprechen der Treue hier und in alle Ewigkeit, legen ließe, dann flösse seine Seele in deinen Körper über und auch du erhieltest Anteil an der Glückseligkeit der Menschen. Er gäbe dir Seele und behielte doch seine eigene. Aber das kann nie geschehen! Was hier im Meere schön ist, deinen Fischschwanz, finden sie dort auf der Erde hässlich; sie verstehen es eben nicht besser; man muss dort zwei plumpe Stützen haben, die sie Beine nennen, um schön zu sein!"

Da seufzte die kleine Meerjungfrau und sah betrübt auf ihren Fischschwanz.

„Lass uns froh sein", sagte die Alte; „hüpfen und springen wollen wir in den dreihundert Jahren, die wir zu leben haben; das ist wahrlich lange genug, später kann man sich um so besser ausruhen. Heute Abend werden wir Hofball haben!"

Das war auch eine Pracht, wie man sie nie auf Erden erblickt! Die Wände und die Decke des großen Tanzsaals waren von dickem, aber durchsichtigem Glas. Mehrere hundert kolossale Muschelschalen, rosenrote und grasgrüne, standen zu jeder Seite in Reihe mit einem blau brennenden Feuer, welches den ganzen Saal erleuchtete und durch die Wände hindurchschien, so dass die See draußen erleuchtet war; man konnte die unzähligen Fische sehen, große und kleine, die gegen die Glasmauern schwammen; auf einigen glänzten die Schuppen purpurrot, auf andern erschienen sie wie Silber und Gold. Mitten durch den Saal floss ein breiter Strom und auf diesem tanzten die Meermänner und Meerweibchen zu ihrem eigenen lieblichen Gesange. So schöne Stimmen haben die Menschen auf der Erde nicht. Die kleine Meerjungfrau sang am schönsten von ihnen allen und der ganze Hof applaudierte mit Händen und Schwänzen; und einen Augenblick fühlte sie eine Freude in ihrem Herzen, denn sie wusste, dass sie die schönste Stimme von allen auf der Erde und im Meere hatte. Aber bald gedachte sie wieder der Welt über sich; sie konnte den schönen

Prinzen und ihren Kummer, dass in ihr keine unsterbliche Seele war, wie er sie besitze, nicht vergessen. Deshalb schlich sie sich aus ihres Vaters Schlosse hinaus, und während alles drinnen Gesang und Frohsinn war, saß sie betrübt in ihrem kleinen Garten. Da hörte sie das Waldhorn durch das Wasser ertönen und dachte: Nun segelt er sicher dort oben, er, an dem meine Sinne hangen und in dessen Hand ich meines Lebens Glück legen möchte. Alles will ich wagen, um ihn und eine unsterbliche Seele zu gewinnen! Während meine Schwestern dort in meines Vaters Schlosse tanzen, will ich zur Meerhexe gehen, vor der mir immer so bange gewesen ist: Sie kann vielleicht raten und helfen!"

Nun ging die kleine Meerjungfrau aus ihrem Garten hinaus nach den brausenden Strudeln, hinter denen die Hexe wohnte. Den Weg hatte sie früher nie zurückgelegt; da wuchsen keine Blumen, kein Seegras; nur der nackte, graue Sandboden erstreckte sich gegen die Strudel hin, wo das Wasser gleich brausenden Mühlrädern herumwirbelte und alles, was es erfasste, mit sich in die Tiefe

riss. Mitten zwischen diesen zermalmenden Wirbeln musste sie hindurch, um in den Bereich der Meerhexe zu gelangen; und hier war eine lange Strecke kein anderer Weg als über warmen, sprudelnden Schlamm; diesen nannte die Hexe ihr Torfmoor. Dahinter lag ihr Haus mitten in einem seltsamen Walde. Alle Bäume und Büsche waren Polypen, halb Tier und halb Pflanze; sie sahen aus wie hundertköpfige Schlangen, die aus der Erde hervorwuchsen; alle Zweige waren lange, schleimige Arme mit Fingern wie geschmeidige Würmer; und Glied vor Glied bewegte sich, von der Wurzel bis zur äußersten Spitze. Alles, was sie im Meere erfassen konnten, umschlangen sie fest und ließen es nie wieder fahren. Die kleine Meerjungfrau blieb vor dem Hause der Meerhexe ganz erschrocken stehen; ihr Herz pochte

vor Furcht; fast wäre sie umgekehrt; aber da dachte sie an den Prinzen und an die Seele der Menschen und nun bekam sie Mut. Ihr langes, fliegendes Haar band sie fest um das Haupt, damit die Polypen sie nicht daran ergreifen möchten; beide Hände legte sie über ihre Brust zusammen und schoss so dahin, wie der Fisch durch das Wasser schießen kann, immer zwischen den hässlichen Polypen hindurch, die ihre geschmeidigen Arme und Finger hinter ihr her streckten. Sie sah, wie jeder von ihnen etwas, was er ergriffen hatte, mit Hunderten von kleinen Armen hielt: Menschen, die auf der See umgekommen und tief hinunter gesunken waren, sahen wie weiße Gerippe aus der Polypen Armen hervor; Schiffsruder und Kisten hielten sie fest, auch Skelette von Landtieren und ein kleines Meerweib, welches sie gefangen und erstickt hatten: Das war ihr das Schrecklichste!

Nun kam sie zu einem großen, sumpfigen Platze im Walde, wo große fette Wasserschlangen sich wälzten und ihren hässlichen weißgelben Bauch zeigten. Mitten auf dem Platze war ein Haus, von weißen Knochen ertrunkener Menschen errichtet; da saß die Meerhexe und ließ eine Kröte aus ihrem Munde fressen, wie die Menschen einem kleinen Kanarienvogel Zucker zu essen geben. Die hässlichen fetten Wasserschlangen nannte sie ihre kleinen Kücklein und ließ sie sich auf ihrer großen schwammigen Brust wälzen.

„Ich weiß schon, was du willst!", sagte die Meerhexe. „Es ist zwar dumm von dir, doch sollst du deinen Willen haben; denn er wird dich ins Unglück stürzen, meine schöne Prinzessin! Du willst gern deinen Fischschwanz los sein und statt dessen zwei Stützen wie die Menschen zum Gehen haben, damit der junge Prinz sich in dich verliebt und du ihn und eine unsterbliche Seele erhalten kannst!" Dabei lachte die Hexe laut und widerlich, so dass die Kröte und die

Schlangen auf die Erde fielen, wo sie sich wälzten. „Du kommst gerade zur rechten Zeit", sagte die Hexe; „morgen, wenn die Sonne aufgeht, könnte ich dir nicht helfen, bis wieder ein Jahr um wäre. Ich werde dir einen Trank bereiten, mit dem musst du, bevor die Sonne aufgeht, nach dem Lande schwimmen, dich dort an das Ufer setzen und ihn trinken: Dann verschwindet dein Schwanz und schrumpft zu dem, was die Menschen niedliche Beine nennen, zusammen, aber es tut weh; es ist, als ob ein scharfes Schwert dich durchdränge. Alle, die dich sehen, werden sagen, du seiest das schönste Menschenkind, das sie gesehen hätten. Du behältst deinen schwebenden Gang; keine Tänzerin kann sich so leicht bewegen wie du; aber jeder Schritt, den du machst, ist, als ob du auf scharfe Messer trätest, als ob dein Blut fließen müsste. Willst du alles dieses leiden, so werde ich dir helfen!"

„Ja!", sagte die kleine Meerjungfrau mit bebender Stimme und gedachte des Prinzen und der unsterblichen Seele.

„Aber bedenke", sagte die Hexe, „hast du erst menschliche Gestalt bekommen, so kannst du nie wieder eine Meerjungfrau werden! Du kannst nie durch das Wasser zu deinen Schwestern und zum Schlosse deines Vaters zurück, und gewinnst du des Prinzen Liebe nicht so, dass er um deinetwillen Vater und Mutter vergisst, an dir mit Leib und Seele hängt und den Priester eure Hände ineinander legen lässt, dass ihr Mann und Frau werdet, so bekommst du keine unsterbliche Seele! Am ersten Morgen, nachdem er mit einer Andern verheiratet ist, wird dein Herz brechen und du wirst zu Schaum auf dem Wasser."

„Ich will es!", sagte die kleine Meerjungfrau und war bleich wie der Tod.

„Aber mich musst du auch bezahlen!", sagte die Hexe; „und es ist nicht wenig, was ich verlange. Du hast die schönste Stimme von allen hier auf dem Grunde des Meeres; damit glaubst du wohl, ihn bezaubern zu können; aber diese Stimme musst du mir geben. Das Beste, was du besitzest, will ich für meinen köstlichen Trank haben! Mein eigen Blut muss ich dir ja geben, damit der Trank scharf wird wie ein zweischneidiges Schwert!"

„Aber wenn du meine Stimme nimmst", sagte die kleine Meerjungfrau, „was bleibt mir dann übrig?"

„Deine schöne Gestalt", sagte die Hexe, „dein schwebender Gang und deine sprechenden Augen; damit kannst du schon ein Menschenherz betören. Nun, hast du den Mut verloren? Strecke deine kleine Zunge hervor, dann schneide ich sie an Zahlungsstatt ab und du erhältst den kräftigen Trank!"

„Es geschehe!", sagte die kleine Meerjungfrau und die Hexe setzte ihren Kessel auf, um den Zaubertrank zu kochen. „Reinlichkeit ist eine schöne Sache!", sagte sie und scheuerte den Kessel mit den Schlangen ab, die sie zu einem langen Knoten band; dann ritzte sie sich selbst die Brust und ließ ihr schwarzes Blut hineintröpfeln. Der Dampf bildete die sonderbarsten Gestalten, so dass einem angst und bange werden musste. Jeden Augenblick warf die Hexe neue Sachen in den Kessel, und als er kochte, war es, als ob ein Krokodil weinte. Endlich war der Trank fertig; er sah wie das klarste Wasser aus.

„Da hast du ihn!", sagte die Hexe und schnitt der kleinen Meerjungfrau die Zunge ab, die nun stumm war, weder singen, noch sprechen konnte.

„Sollten die Polypen dich ergreifen, wenn du durch meinen Wald zurückgehst", sagte die Hexe, „so wirf nur einen einzigen Tropfen dieses Getränkes auf sie: Davon zerspringen ihre Arme und Finger in tausend Stücke!" Aber das brauchte die kleine Meerjungfrau nicht zu tun; die Polypen zogen sich erschrocken zurück, da sie den glänzenden Trank erblickten, der in ihrer Hand

leuchtete, als sei er ein funkelnder Stern. So kam sie schnell durch den Wald, das Moor und die brausenden Strudel.

Sie konnte ihres Vaters Schloss sehen; die Fackeln waren in dem großen Tanzsaale erloschen; sie schliefen sicher alle drinnen; aber sie wagte doch nicht, sie aufzusuchen, jetzt da sie stumm war und sie auf immer verlassen wollte. Es war, als ob ihr Herz vor Trauer zerspringen sollte. Sie schlich in den Garten, nahm eine Blume von jedem Blumenbeete ihrer Schwestern, warf Tausende von Kusshändchen dem Schlosse zu und stieg durch die dunkelblaue See hinauf.

Die Sonne war noch nicht aufgegangen, als sie des Prinzen Schloss erblickte und die prächtige Marmortreppe hinaufstieg. Der Mond schien herrlich klar. Die kleine Meerjungfrau trank den brennenden, scharfen Trank, und es war, als ginge ein zweischneidiges Schwert durch ihren feinen Körper; sie fiel dabei in Ohnmacht und lag wie tot da. Als die Sonne über die See schien, erwachte sie und fühlte einen schneidenden Schmerz; aber gerade vor ihr stand der schöne, junge Prinz; er heftete seine schwarzen Augen auf sie, so dass sie die ihrigen niederschlug und wahrnahm, dass ihr Fischschwanz fort war und sie die niedlichsten weißen Beine hatte, die nur ein Mädchen haben kann. Aber sie war nackt, deshalb hüllte sie sich in ihr langes Haar ein. Der Prinz fragte, wer sie sei und wie sie hierher gekommen wäre; und sie sah ihn mild und doch gar betrübt mit ihren dunkelblauen Augen an; sprechen konnte sie ja nicht. Da nahm er sie bei der Hand und führte sie in das Schloss hinein. Jeder Schritt, den sie tat, war, wie die Hexe im voraus gesagt hatte, als trete sie auf spitze Nadeln und Messer; aber das ertrug sie gern; an des Prinzen Hand schritt sie so leicht einher wie eine Seifenblase, und er, sowie alle, wunderten sich über ihren lieblichen, schwebenden Gang.

Sie bekam nun herrliche Kleider von Seide und Musselin anzuziehen; im Schlosse war sie die Schönste von allen; aber sie war stumm, konnte weder singen noch sprechen. Herrliche Sklavinnen, in Seide und Gold gekleidet, traten auf und sangen vor dem Prinzen und seinen königlichen Eltern; die Eine sang schöner als alle Andern, und der Prinz klatschte in die Hände und lächelte sie an. Da wurde die kleine Meerjungfrau betrübt; sie wusste, dass sie selbst weit schöner gesungen hatte und dachte: „O, er sollte nur wissen, dass ich, um bei ihm zu sein, meine Stimme für alle Ewigkeit hingegeben habe!"

Nun tanzten die Sklavinnen niedliche, schwebende Tänze zur herrlichsten Musik; da erhob die kleine Meerjungfrau ihre schönen, weißen Arme, richtete sich auf den Fußspitzen auf und schwebte tanzend über den Fußboden hin, wie noch keine getanzt hatte; bei jeder Bewegung wurde ihre Schönheit noch sichtbarer und ihre Augen sprachen tiefer zum Herzen als der Gesang der Sklavinnen.

Alle waren entzückt davon, besonders der Prinz, der sie sein kleines Findelkind nannte; und sie tanzte mehr und mehr, obwohl es ihr jedes Mal, wenn ihr Fuß die Erde berührte, war, als ob sie auf scharfe Messer träte. Der Prinz sagte, dass sie immer bei ihm bleiben solle und sie erhielt die Erlaubnis, vor seiner Tür auf einem Samtkissen zu schlafen.

Er ließ ihr eine Männertracht machen, damit sie ihn zu Pferde begleiten könne. Sie ritten durch die duftenden Wälder, wo die grünen Zweige ihre Schultern berührten und die Vögel hinter den frischen Blättern sangen. Sie kletterte mit dem Prinzen auf die hohen Berge hinauf, und obgleich ihre zarten Füße bluteten, dass selbst die andern es sehen konnten, lachte sie doch darüber und folgte ihm, bis sie die Wolken unter sich segeln sahen, als wäre es ein Schwarm Vögel, die nach fremden Ländern ziehen.

Daheim in des Prinzen Schlosse, wenn nachts die anderen schliefen, ging sie auf die breite Marmortreppe hinaus; es kühlte ihre brennenden Füße im kalten Seewasser zu stehen, und dann gedachte sie derer dort unten in der Tiefe.

Einmal des Nachts kamen ihre Schwestern Arm in Arm; traurig sangen sie, indem sie über dem Wasser schwammen; sie winkte ihnen und sie erkannten sie und erzählten ihr, wie sehr sie alle betrübt seien. Darauf besuchte sie dieselben in jeder Nacht, und einmal erblickte sie weit draußen ihre alte Großmutter, die in vielen Jahren nicht über der Meeresfläche gewesen war, und den Meerkönig mit seiner Krone auf dem Haupte; sie streckten die Hände nach ihr aus, wagten sich aber dem Lande nicht so nahe wie die Schwestern.

Tag für Tag wurde sie dem Prinzen lieber; er liebte sie, wie man ein gutes, liebes Kind liebt; aber sie zu seiner Königin zu machen, kam ihm nicht in den Sinn; und seine Frau musste sie doch werden, sonst erhielt sie keine unsterbliche Seele und musste an seinem Hochzeitsmorgen zu Schaum auf dem Meere werden.

„Liebst du mich nicht am meisten von ihnen allen?", schienen der kleinen Meerjungfrau Augen zu sagen, wenn er sie in seine Arme nahm und ihre schöne Stirn küsste.

„Ja, du bist mir die Liebste", sagte der Prinz, „denn du hast das beste Herz von allen. Du bist mir am meisten ergeben und gleichst einem jungen Mädchen, das ich einmal sah, aber sicher nie wiederfinde. Ich war auf einem Schiffe, welches strandete; die Wellen warfen mich bei einem heiligen Tempel an das Land, wo mehrere junge Mädchen den Dienst verrichteten; die jüngste dort fand mich am Ufer und rettete mein Leben. Ich sah sie nur zweimal, sie wäre die Einzige, die ich in dieser Welt lieben könnte; aber du gleichst ihr, und du verdrängst fast ihr Bild aus meiner Seele; sie gehörte dem

heiligen Tempel an und deshalb hat mein gutes Glück dich mir gesendet; nie wollen wir uns trennen!" –

„Ach, er weiß nicht, dass ich sein Leben gerettet habe!", dachte die kleine Meerjungfrau. „Ich trug ihn über das Meer zum Walde hin, wo der Tempel steht; ich saß hier hinter dem Schaume und sah, ob keine Menschen kommen würden. Ich sah das schöne Mädchen, das er mehr liebt als mich!" Sie seufzte tief, weinen konnte sie nicht. „Das Mädchen gehört dem heiligen Tempel an, hat er gesagt; sie kommt nie in die Welt hinaus; sie begegnen sich nicht mehr, ich bin bei ihm, sehe ihn jeden Tag; ich will ihn pflegen, lieben, ihm mein Leben opfern!"

Aber nun sollte der Prinz sich verheiraten und des Nachbarkönigs schöne Tochter zur Frau bekommen, erzählte man; deshalb rüstete er ein so prächtiges Schiff aus. Der Prinz reist, um des Nachbarkönigs Länder zu besichtigen, so heißt es wohl; aber es geschieht, um des Nachbarkönigs Tochter zu sehen.

Ein großes Gefolge soll ihn begleiten. Die kleine Meerjungfrau schüttelte das Haupt und lächelte; sie kannte des Prinzen Gedanken weit besser als alle Andern. „Ich muss reisen!", hatte er zu ihr gesagt; „ich muss die schöne Prinzessin sehen; meine Eltern verlangen es; aber sie wollen mich nicht zwingen, sie als meine Braut heimzuführen. Ich kann sie nicht lieben! Sie gleicht nicht dem schönen Mädchen im Tempel, dem du ähnelst; sollte ich einst eine Braut wählen, so würdest du es eher sein, mein stummes Findelkind mit den sprechenden Augen!" Und er küsste ihren roten Mund, spielte mit dem langen Haare und legte sein Haupt an ihr Herz, so dass dieses von Menschenglück und einer unsterblichen Seele träumte.

„Du fürchtest doch das Meer nicht, mein stummes Kind?", sagte er, als sie auf dem prächtigen Schiffe standen, welches ihn nach den Ländern des Nachbarkönigs führen sollte. Er erzählte ihr vom Sturme und von der Windstille, von seltsamen Fischen in der Tiefe und von dem, was die Taucher dort gesehen; und sie lächelte bei seiner Erzählung: Sie wusste ja besser als sonst jemand, was auf dem Grunde des Meeres vorging.

In der mondhellen Nacht, wenn alle schliefen, bis auf den Steuermann, der am Steuerruder stand, saß sie am Bord des Schiffes und starrte durch das klare Wasser hinunter; sie glaubte, ihres Vaters Schloss zu erblicken; hoch oben stand die Großmutter mit der Silberkrone auf dem Haupte und starrte durch die reißenden Ströme zu des Schiffes Kiel empor. Da kamen ihre Schwestern über das Wasser hervor und schauten sie traurig an und rangen ihre weißen Hände; sie winkte ihnen, lächelte und wollte erzählen, dass es ihr gut und glücklich gehe; aber der Schiffsjunge näherte sich ihr und die Schwestern tauchten unter, so dass er glaubte, das Weiße, was er gesehen, sei Schaum auf der See gewesen.

Am nächsten Morgen segelte das Schiff in den Hafen von des Nachbarkönigs prächtiger Stadt. Alle Kirchenglocken läuteten und von den hohen Türmen wurden die Posaunen geblasen, während die Soldaten mit fliegenden Fahnen und blitzenden Bajonetten dastanden. Jeder Tag führte ein Fest mit sich. Bälle und Gesellschaften folgten einander: Aber die Prinzessin war noch nicht da; sie werde, weit von hier entfernt, in einem heiligen Tempel erzogen, sagten sie; dort lerne sie alle königlichen Tugenden. Endlich traf sie ein.

Die kleine Meerjungfrau war begierig, ihre Schönheit zu sehen, und sie musste solche anerkennen: Eine lieblichere Erscheinung hatte sie noch nie gesehen. Die Haut war fein und klar, und hinter den langen dunklen Augenwimpern lächelten ein paar schwarzblaue, treue Augen.

„Du bist die", sagte der Prinz, „die mich gerettet hat, als ich, einer Leiche gleich, an der Küste lag!" Und er drückte seine errötende Braut in seine Arme. „O, ich bin allzu glücklich!", sagte er zur kleinen Meerjungfrau. „Das Beste, was ich je hoffen durfte, ist mir in Erfüllung gegangen! Du wirst dich über mein Glück freuen, denn du meinst es am besten mit mir von ihnen allen!" Und die kleine Meerjungfrau küsste seine Hand und es kam ihr schon vor, als fühle sie ihr Herz brechen. Sein Hochzeitsmorgen würde ihr ja den Tod geben und sie in Schaum auf dem Meere verwandeln.

Alle Kirchenglocken läuteten; die Herolde ritten in den Straßen umher und verkündeten die Verlobung. Auf allen Altären brannte duftendes Öl in köstlichen Silberlampen. Die Priester schwangen die Rauchfässer, und Braut und Bräutigam reichten einander die Hand und erhielten den Segen des Bischofs. Die kleine Meerjungfrau war in Seide und Gold gekleidet und hielt die Schleppe der Braut; aber ihre Ohren hörten die festliche Musik nicht, ihr Auge sah die heilige Zeremonie nicht; sie gedachte ihrer Todesnacht und alles dessen, was sie in dieser Welt verloren hatte.

Noch an demselben Abend gingen die Braut und der Bräutigam an Bord des Schiffes; die Kanonen donnerten, alle Flaggen wehten, und mitten auf dem Schiffe war ein köstliches Zelt von Gold und Purpur und mit den schönsten Kissen errichtet: Da sollte das Brautpaar in der kühlen, stillen Nacht schlafen.

Die Segel schwellten im Winde und das Schiff glitt leicht über die klare See dahin.

Als es dunkelte, wurden bunte Lampen angezündet und die Seeleute tanzten lustig auf dem Verdeck. Die kleine Meerjungfrau musste ihres ersten Auftauchens aus dem Meere gedenken, wo sie dieselbe Pracht und Freude erblickt hatte; und sie wirbelte sich mit im Tanze, schwebte, wie die Schwalbe schwebt, wenn sie verfolgt wird,

und alle jubelten ihr Bewunderung zu: Nie hatte sie so herrlich getanzt. Es schnitt ihr wie scharfe Messer in die zarten Füße, aber sie fühlte es nicht: Es schnitt ihr noch schmerzlicher durch das Herz. Sie wusste, es sei der letzte Abend, an dem sie ihn erblickte, für den sie ihre Verwandten und ihre Heimat verlassen, ihre schöne Stimme dahingegeben und täglich unendliche Qualen ertragen hatte, ohne dass er es mit einem Gedanken ahnte. Es war die letzte Nacht, dass sie dieselbe Luft mit ihm einatmete, das tiefe Meer und den sternenhellen Himmel erblickte; eine ewige Nacht ohne Gedanken und Traum harrte ihrer, die keine Seele hatte, keine Seele gewinnen konnte. Und alles war Freude und Heiterkeit auf dem Schiffe bis über Mitternacht hinaus; sie lachte und tanzte mit Todesgedanken im Herzen. Der Prinz küsste seine schöne Braut und sie spielte mit seinem

schwarzen Haar, und Arm in Arm gingen sie zur Ruhe in das prächtige Zelt.

Es wurde still auf dem Schiffe, nur der Steuermann stand am Steuerruder, die kleine Meerjungfrau legte ihre weißen Arme auf den Schiffsbord und blickte gegen Osten nach der Morgenröte; der erste Sonnenstrahl, wusste sie, würde sie töten. Da sah sie ihre Schwestern der Flut entsteigen; die waren bleich wie sie; ihr langes schönes Haar wehte nicht mehr im Winde; es war abgeschnitten.

„Wir haben es der Hexe gegeben, um dir Hilfe bringen zu können, damit du diese Nacht nicht stirbst! Sie hat uns ein Messer gegeben, hier ist es! Siehst du, wie scharf? Bevor die Sonne aufgeht, musst du es in das Herz des Prinzen stoßen, und wenn dann das warme Blut auf deine Füße spritzt, so wachsen diese in einen Fischschwanz zusammen und du wirst wieder eine Meerjungfrau, kannst zu uns herabsteigen und lebst deine dreihundert Jahre, bevor du zu totem, salzigem Seeschaum wirst. Beeile dich! Er oder du musst sterben, bevor die Sonne aufgeht! Unsere Großmutter trauert so, dass ihr weißes Haar, wie das unsrige, unter der Schere der Hexe gefallen ist. Töte den Prinzen und komm zurück! Beeile dich! Siehst du den roten Streifen am Himmel? In wenigen Minuten steigt die Sonne auf, dann musst du sterben!" Und sie stießen einen tiefen Seufzer aus und versanken in den Wogen.

Die kleine Meerjungfrau zog den Purpurteppich vom Zelte und sah die schöne Braut mit ihrem Haupte an des Prinzen Brust ruhen; und sie bog sich nieder, küsste ihn auf seine schöne Stirn, blickte gen Himmel, wo die Morgenröte mehr und mehr leuchtete, betrachtete das scharfe Messer und heftete die Augen wieder auf den Prinzen, der im Traume seine Braut bei Namen nannte. Nur sie war in seinen Gedanken, und das Messer zitterte in der Hand der Meerjungfrau. – Aber da warf sie es weit hinaus in die Wogen; sie glänzten rot, wo es hinfiel; es sah aus, als keimten Blutstropfen aus dem Wasser auf. Noch einmal sah sie mit halbgebrochenen Blicken auf den Prinzen, stürzte sich vom Schiffe in das Meer hinab und fühlte, wie ihr Körper sich in Schaum auflöste.

Nun stieg die Sonne aus dem Meere auf: Die Strahlen fielen so mild und warm auf den kalten Meeresschaum und die kleine Meerjungfrau fühlte nichts vom Tode. Sie sah die helle Sonne, und über ihr schwebten Hunderte von durchsichtigen, herrlichen Geschöpfen, sie konnte durch dieselben des Schiffes weiße Segel und des Himmels rote Wolken erblicken. Die Sprache derselben war melodisch, aber so geisterhaft, dass kein menschliches Ohr sie vernehmen, ebenso wie kein irdisches Auge sie erblicken konnte, ohne Schwingen schwebten sie vermittelst ihrer eigenen Leichtigkeit durch die Luft. Die kleine Meerjungfrau sah, dass sie einen Körper hatte wie diese, der sich mehr und mehr aus dem Schaume erhob.

„Wo komme ich hin?", fragte sie, und ihre Stimme klang wie die der andern Wesen, so geisterhaft, dass keine irdische Musik sie wiederzugeben vermag.

„Zu den Töchtern der Luft!", erwiderten die Andern. „Die Meerjungfrau hat keine unsterbliche Seele und kann sie nie erhalten, wenn sie nicht eines Menschen Liebe gewinnt; von einer fremden Macht hängt ihr ewiges Dasein ab. Die Töchter der Luft haben auch keine unsterbliche Seele, aber sie können durch gute Handlungen sich selbst eine schaffen. Wir fliegen nach den warmen Ländern, wo die schwüle Pestluft den Menschen tötet; dort fächeln wir Kühlung. Wir breiten den Duft der Blumen durch die Luft aus und senden Erquickung und Heilung. Wenn wir dreihundert Jahre lang gestrebt haben, alles Gute, was wir vermögen, zu vollbringen, so erhalten wir eine unsterbliche

Seele und nehmen teil am ewigen Glücke der Menschen. Du arme, kleine Meerjungfrau hast mit ganzem Herzen nach demselben wie wir gestrebt; du hast gelitten und geduldet, hast dich zur Luftgeisterwelt erhoben und kannst nun dir selbst durch gute Werke nach drei Jahrhunderten eine unsterbliche Seele schaffen."

Und die kleine Meerjungfrau erhob ihre verklärten Augen gegen Gottes Sonne und zum ersten Male fühlte sie Tränen in ihren Augen. – Auf dem Schiffe war wieder Lärm und Leben; sie sah den Prinzen mit seiner schönen Braut nach ihr suchen; wehmütig starrten sie den perlenden Schaum an, als ob sie wüssten, dass sie sich in die Fluten gestürzt habe. Unsichtbar küsste sie die Stirn der Braut, fächelte den Prinzen an und stieg mit den übrigen Kindern der Luft auf die rosenrote Wolke hinauf, welche den Äther durchschiffte.

„Nach dreihundert Jahren schweben wir so in das Reich Gottes hinein!"

„Auch können wir noch früher dahin gelangen!", flüsterte eine Tochter der Luft. „Unsichtbar schweben wir in die Häuser der Menschen hinein, wo Kinder sind und für jeden Tag, an dem wir ein gutes Kind finden, welches seinen Eltern Freude bereitet und deren Liebe verdient, verkürzt Gott unsere Prüfungszeit. Das Kind weiß nicht, wann wir durch die Stube fliegen, und müssen wir aus Freude über dasselbe lächeln, so wird ein Jahr von den dreihundert Jahren abgerechnet; sehen wir aber ein unartiges und böses Kind, so müssen wir Tränen der Trauer vergießen und jede Träne legt unserer Prüfungszeit einen Tag zu!"

IN DER REIHE *MärchenReich* ERSCHIEN BISHER BEI VITALIS:

M. Ebner-Eschenbach: Krambambuli (3-89919-039-4)
Jüdische Märchen (3-89919-026-2)
B. Němcová u. K. J. Erben: Tschechische Märchen (3-89919-067-X)
A. Stifter: Märchen, Sagen und Legenden (3-89919-075-0)
A. Stifter: Bergkristall (3-89919-068-8)